DES

RÉGIMES MATRIMONIAUX

AU POINT DE VUE DU

DROIT INTERNATIONAL PRIVÉ

PAR

H. RICAUD

DOCTEUR EN DROIT, LICENCIÉ ÈS-LETTRES
AVOCAT A LA COUR D'APPEL

PARIS

LIBRAIRIE NOUVELLE DE DROIT ET DE JURISPRUDENCE
ARTHUR ROUSSEAU
ÉDITEUR
14, Rue Soufflot et rue Toullier, 13

1886

DES

RÉGIMES MATRIMONIAUX

AU POINT DE VUE DU

DROIT INTERNATIONAL PRIVÉ

DES

RÉGIMES MATRIMONIAUX

AU POINT DE VUE DU

DROIT INTERNATIONAL PRIVÉ

PAR

H. RICAUD

DOCTEUR EN DROIT, LICENCIÉ ÈS-LETTRES
AVOCAT A LA COUR D'APPEL

PARIS

LIBRAIRIE NOUVELLE DE DROIT ET DE JURISPRUDENCE
ARTHUR ROUSSEAU
ÉDITEUR
14, Rue Soufflot et rue Toullier, 13

1886

DES

RÉGIMES MATRIMONIAUX

AU POINT DE VUE DU

DROIT INTERNATIONAL PRIVÉ

INTRODUCTION.

Aujourd'hui toute nation civilisée ouvre ses frontières aux étrangers, leur reconnaît droit au droit et permet à ses nationaux de traiter avec eux. Comme tout autre contrat, le mariage peut intervenir entre deux personnes de nationalités différentes ou entre deux sujets d'un même Etat à l'étranger. Souvent aussi, il arrive que deux époux ont des biens situés en pays étranger, ou qu'ils changent de nationalité au cours du mariage ; on se demande, en ces diverses hypothèses, d'après quels principes, sur quelle loi se règlent leurs rapports pécuniaires.

Deux français se marient à New-York. S'ils n'ont

pas fait de contrat, seront-ils placés sous la séparation de biens consacrée en cet Etat ou sous la communauté légale française ? S'ils ont conclu des conventions matrimoniales, est-ce notre code civil, est-ce la loi de New-York qui en régira la forme, qui posera les règles interprétatives ? Deux conjoints, mariés sous la communauté, acquièrent des immeubles, situés dans un pays de non-communauté ; sont-ils ou ne sont-ils pas communs, relativement à ces immeubles ? Si enfin les époux, par suite d'un changement de domicile ou de nationalité, tombent sous l'empire d'une autre législation, le régime organisé par la loi nouvelle se substitue-t-il au régime antérieur ?

Sous ces divers aspects, qui se présentent entre plusieurs autres, la question était déjà connue de l'ancien droit. Dans l'intérieur d'un même royaume, elle soulevait le combat des coutumes et des statuts divers ; dans chaque coutume, le conflit se multipliait à l'infini. Un ménage changeait de rue, un habitant du centre de la ville allait se marier dans le faubourg, on avait souvent à discuter les conséquences de ce fait sur le régime matrimonial. La Suisse, l'Allemagne, les pays à législations non unitaires, nous offrent encore une image de ce passé, mais l'intérêt historique du débat apparaît surtout au cas de mariage, sans contrat. A ce point de vue, la question mit aux prises pendant trois siècles les réalistes et les personnalistes ; partagea les parlements comme les jurisconsultes, et reçut le nom de *famossissima quæstio.*

Tant de discussions n'ont pas fait la lumière. A l'occasion d'une affaire célèbre jugée par la cour de Louisiane, le maître de justice Porter, (1) organe de la Cour, observait que « cette masse de renseignements laisse le sujet enveloppé d'ombre et doute, comme si l'on était appelé à se décider sans savoir ce que d'autres ont pensé ou écrit sur la matière.« Peut-être même ce passé pèse-t-il encore sur l'opinion qu'on se fait d'elle ; la question reste comme chargé de souvenirs séculaires qui embarrassent quelquefois les décisions de la jurisprudence.

A notre époque, où les relations internationales ont pris un si grand essor, les conflits, en matière de régime matrimonial, naissent très-nombreux de l'extrême diversité des lois.

Ces différences apparaîtront par quelques exemples :

Dans certains pays, il n'existe qu'un régime, imposé aux parties. Il en est ainsi dans les cantons de la Suisse centrale, (2) le contrat ne doit pas déro-

1. Affaire Saul contre ses créanciers (*Saul, v. his creditors. Martin's reports.)*

2. Lardy : *Les législations civiles des cantons suisses en matière de tutelle, de régime matrimonial quant aux biens, et de successions.* Voir la carte nº 5.

ger aux règles établies par le code local ; il ne peut se référer qu'aux gains de survie, aux donations entre époux, à la *morgengabe*. Encore dans certains cantons comme ceux de Zurich, de Schaffouse, la validité de ces conventions est-elle subordonnée à l'approbation du conseil communal ou d'un tribunal, quelquefois de l'un et de l'autre. Au Pérou, le régime légal, mélange de régime dotal et de communauté, est obligatoire. (1)

De même, dans la République Argentine, où la loi impose (2) la séparation de biens avec communauté réduite aux acquêts. Ainsi encore, dans le grand duché de Finlande, (3) la communauté universelle, régime légal, ne peut être écartée par un contrat.

Au contraire, la plupart des législations laissent aux parties le droit, plus ou moins large, d'organiser, comme elles l'entendent, la condition de leurs biens ; mais si le choix est libre, si tel régime n'est pas obligatoire, un régime est toujours nécessaire. D'où il suit que, partout, quand les époux n'ontpas fait de conventions matrimoniales, la situation respective de leurs biens n'en est pas moins déterminée. C'est alors le législateur qui prend ce soin.

1. Véga: *La législation civile du Pérou;* Revue historique de droit français et etranger, t. X.

2. V. rapport de Daireaux. *Bulletin de la Société de législation comparée,* mars 1885.

3. Annuaire de la Société de législation comparée IX, 1880.

Parmi la variété des systèmes consacrés, trois grands courants se portent vers la séparation de biens, la communauté, le régime sans communauté. Le régime dotal, plus rarement admis, se retrouve cependant en quelques pays.

La séparation de biens forme le droit commun de la plupart des États de la confédération de l'Amérique du Nord ; l'Angleterre l'a empruntée aux États-Unis.

Aux États-Unis (1), la législation de New-York a servi de modèle à la plupart des États ; il y a séparation radicale des intérêts pécuniaires ; tout ce que la femme possède au jour du mariage, tout ce qu'elle peut acquérir ensuite lui appartient en propre ; elle administre, elle jouit seule ; elle n'a besoin de l'autorisation du mari pour aucun des actes de sa vie civile ; et ainsi l'indépendance de la personne assure celle du patrimoine, les volontés sont séparées comme les biens. Ce système qui s'est établi par les réformes successives de 1848, de 1860, de 1862, succède à un état de droit tout contraire, à la *common-law* ancienne, à l'incapacité absolue de la femme, à la concentration de tous les pouvoirs entre les mains du mari. Beaucoup de législations ont

1. Pour un exposé d'ensemble des régimes matrimoniaux, dans les différents États de la Confédération, consulter : *Hubbell's legal dictionnary*, et Neubauer : *Das eheliche Güterrecht des Auslandes*, pp. 39-64.

suivi le mouvement imprimé par celle de New York ; quelques-unes, cependant, n'ont pas poussé aussi loin l'esprit de réforme ; dans l'État de Vermont la femme ne peut aliéner ses immeubles sans le consentement de son mari. En Louisiane, la communauté forme encore le droit commun.

L'Angleterre, l'Irlande, nous offrent un régime légal (1) dont le trait dominant est la séparation de biens, mais qui diffère cependant par plusieurs points du système admis dans l'État de New York. On sait que sous l'ancienne *common-law*, jusqu'à la réforme de 1870, la femme mariée perdait absolument toute personnalité civile (2), en sorte que pendant le mariage le droit matrimonial ne concernait pas deux personnes, mais une seule (3) ; il n'y avait qu'une volonté placée dans le mari, un seul patrimoine mis en ses mains ; il était, selon l'expression anglaise, *baron* des biens comme de la femme.

Ce droit qui sera invoqué longtemps encore — les bills de réforme n'ayant pas eu d'effet rétroactif — procédait directement de la coutume normande ; c'était le régime exclusif de communauté

1. Voir sur le régime matrimonial en Angleterre Barrett-Lennard (*the position in law of women*. 1883). Annuaire de la Société de législation comparée, I, 1872, pp. 55 et ss.

2. *The legal existence of women is by common-law suspended during her marriage.*

3. *Looks upon but one person.* V Barrett-Lennard, p. 69.

normand ; mais, sous l'influence des idées anglaises, foncé, exagéré en ce sens que le mari n'était pas seulement administrateur, usufruitier exclusif des biens de la femme, mais encore propriétaire.

Dans ce système, tous les meubles personnels de la femme, présents, futurs, acquêts ou reçus à titre lucratif deviennent la propriété définitive du mari qui n'a rien à rendre. Mais il doit restituer les immeubles, lors de la dissolution du mariage, à moins qu'un enfant né de ce mariage existe encore, cas auquel il les garde pour en jouir toute sa vie (*curtesy*). C'est ce qu'on exprime en disant qu'il n'en est pas « *absolute proprietor* » ; il ne peut les aliéner, que sous réserve du consentement ultérieur de la femme ou de ses parents lors de la cessation de la *coverture*.

Malgré les adoucissements apportés à un droit si rigoureux, soit par l'institution du douaire, soit par la jurisprudence des cours d'équité, ce régime pesait très durement sur les femmes du peuple et de la petite bourgeoisie, qui ne pouvaient, pour y échapper, recourir aux formalités trop coûteuses du contrat de mariage ou à la constitution d'un fideicommis de *trustees* qui nécessite également une convention formelle. De là une longue campagne entreprise par les sociétés législatives anglaises, une enquête approfondie sur les législations des États-

Unis ; et, enfin, pour conséquence, la réforme inaugurée en 1870 (1), complétée en 1874 (2), définitivement consacrée par l'acte de 1882 (3), seul en vigueur aujourd'hui ; car il s'approprie en les complétant les deux lois antérieures. L'émancipation contractuelle de la femme, la sauvegarde de ses intérêts pécuniaires par un régime où domine la séparation de biens, tel est le double but atteint par la révolution accomplie. Tous les détails de ces réformes peuvent s'éclairer par cette pensée générale du législateur anglais : il a voulu qu'à l'égard de ses biens la femme mariée fût, autant que possible, placée dans la même situation que si elle était restée fille (4).

La femme conserve exclusivement la propriété, la jouissance, l'administration de tous les produits de son travail au jour du mariage, de tout ce qu'elle acquiert dans la suite par l'exercice d'un art ou d'une profession distincte de celle du mari, des sommes qu'elle aurait placées avant le mariage en fonds publics, des actions ou des obligations de so-

1. *An act to amend the law relating to the property of married women* (33 et 34, *Victoria*).

2. *An act to amend the married women's property act* (37 et 38, *Victoria*).

3. *An act to consolidate and amend the acts relating to the Property of married Women* (45 et 46, *Vict.*).

4. Acte de 1882, sect. I.

ciétés industrielles, des assurances sur sa propre vie ou sur celle de son mari, de tous les immeubles qui lui échoient pendant le mariage par succession *ab intestat*, et enfin de toute somme d'argent de moins de 200 livres sterling qui lui est donnée ou léguée.

Mais exceptionnellement l'ancienne *common-law* reste en vigueur; il en est ainsi pour les valeurs immobilières possédées par la femme au jour du mariage, pour les immeubles dont elle est propriétaire dans les mêmes circonstances, et d'une manière plus générale pour tous les biens qui ne sont pas spécialement visés par le bill.

Ainsi le régime de droit commun anglais n'est pas uniquement la séparation de biens; c'est aussi, à l'égard de certains biens, l'ancien régime exclusif de communauté, il contient une part subsistante et très vivace du passé, à côté d'innovations radicalement hardies.

Dans le droit écossais, tel qu'il est établi par une loi du 18 juillet 1881 (1), nouvelles différences. Si la séparation de biens forme le trait dominant du régime légal, cependant certains biens tombent en communauté, par exemple les rentes et revenus des

1. *Married women's property (Scotland) act* 1881. — Annuaire de la Société de législation comparée, 1881.

fonds d'héritage qui ne sont pas situés en Ecosse (art. 2 de l'acte).

Ainsi trois législations qui consacrent le principe de la séparation de biens, diffèrent toutes sur plusieurs points de son application. On pourrait faire sortir un exemple analogue de la comparaison des divers systèmes établis en Russie, Dans la Russie proprement dite, le *Svod Zakonov'* organise une séparation absolue entre les patrimoines des deux époux; mais ce qu'un tel régime offre assurément de plus singulier, c'est qu'il ne s'applique pas et qu'en fait, quand les époux n'ont pas fait de conventions expresses, ils jouissent en commun des biens appartenant à chacun d'eux. Ainsi le régime légal est supplanté par un régime traditionnel. A côté de ce système radical, mais platonique, les gouvernements de Tchernigoff, de Pultava nous offrent une séparation de biens mitigée par la communauté de jouissance de la dot.

Le régime exclusif de communauté tend à disparaître; l'amélioration du sort des femmes, la tendance à l'égalité dans le mariage justifient cet amoindrissement. Mais s'il n'existe plus comme régime légal, aux Etats-Unis, en Angleterre, en Russie (1); on le retrouve encore, dans certaines parties de

1. V. Lehr, Eléments de droit civil russe, § 28.

l'Allemagne, en Pologne, dans plusieurs cantons suisses.

En Allemagne, parmi la multiplicité des régimes adoptés, dans ces complications d'un droit qui varie, non pas seulement d'Etat à Etat, mais de province à province, de ville à ville, de village à village, qui n'est pas le même pour la ville et pour la campagne, pour les nobles, pour les bourgeois et pour les paysans, qui même, sur certains points du territoire, s'efface devant les statuts locaux ou devant les coutumes contraires (1), l'*Union des biens* (*Gütervereinigung Verwaltungsgemeinschaft*) tient une place très importante. Ce régime qui se rattache, par ses traits principaux, à notre exclusion de communauté est adopté en Prusse comme droit commun, dans le duché d'Oldenbourg, dans le royaume de Saxe (2). L'idée générale, c'est que le mari a la jouissance et l'administration des biens de la femme dont celle-ci garde la pleine propriété. Les gains et acquêts lui profitent exclusivement.

Un système analogue existe en Pologne depuis une loi du 23 juin 1825 réformant le titre V du livre III

1. Sur les régimes matrimoniaux en Allemagne consulter M. Bufnoir (Bulletin de la Société de législation comparée. 1876, p. 163 et s.).

2. M. Bufnoir, cit. — Von Roth (*Das deutsche eheliche Güterrecht. Zeitschrift für vergleichende Rechtswissenschaft*, I, p. 94).

du Code civil français en vigueur dans ce pays (1).

Enfin, en Suisse où règne une grande diversité législative, la plupart des cantons du centre admettent le régime exclusif de communauté (2) ; mais renforcé et particulièrement rigoureux, puisque le mari peut non seulement administrer et avoir en jouissance tous les biens meubles et immeubles de la femme présents et futurs mais encore en disposer d'une manière absolue (3). Il n'est tenu de restituer que la valeur des biens, lors de la célébration du mariage. Il bénéficie ainsi des chances d'augmentation, comme aussi dans le même cas, s'il restitue en valeur, il subit les conséquences des pertes. Parmi les adoucissements apportés à ce droit si dur pour les femmes, la plupart des lois ont créé une sorte de petite séparation de biens qui atténue la rigueur du régime ; elles réservent à la femme une part de son patrimoine, dite *Sondergut* qu'elle administre et dont elle jouit librement.

1. St-Joseph (*Concord des C. C.* t. III, p. 98 et s. — Lehr, *Eléments de droit russe*, § 33 à 37.

2. Ainsi Appenzell, Argovie, Berne (ancien canton) Grisons, Schwytz, St-Gall, Glaris, Lucerne; V. Lardy : (*Les législations civiles des cantons suisses*, carte 6).

3. Quelques législations font exception. A Zurich, il est défendu au mari d'aliéner les immeubles sans le consentement de la femme et du tuteur de celle-ci ; à Lucerne, également, s'il n'est autorisé par le Conseil communal ; la femme doit consentir à Bâle (ville et campagne), à Zoug ; enfin même pour les meubles, à Unterwald-le-bas.

Le principe de la communauté, consacré en France, se retrouve en un grand nombre de pays ; son étendue varie suivant les législations.

En Allemagne, où elle se présente sous les formes les plus diverses, la communauté est le régime légal admis dans la plus grande partie de l'empire : la Poméranie, la Westphalie, les provinces Rhénanes, le grand duché de Bade, l'Alsace-Lorraine, le Wurtemberg, la Bavière. Mais les règles varient à l'infini ; c'est ainsi qu'en Bavière, il y a trente-six statuts de communauté différents dont quinze établissent la communauté d'acquêts, vingt-et-un la communauté universelle avec des divergences qui portent souvent sur des points essentiels (1). Si, d'une manière générale, on essaie de classer ces différents types, on peut dire que la communauté universelle est plus généralement suivie dans le centre et dans l'ouest ; la communauté à titre particulier dans le centre et dans l'est. C'est ainsi que la communauté universelle (*Allegemeine Gütergemeinschaft*) régit la Westphalie, les provinces du Rhin, partie de la Prusse proprement dite à l'ouest et au nord, partie enfin du Brandebourg, du Hanovre et de la Bavière. L'actif comprend tous les biens présents et futurs ; le passif, toutes les dettes anté-

1. M. Bufnoir (*Etude sur la question des régimes matrimoniaux en Allemagne*. Bulletin de la Société de législation comparée, 1876).

rieures et postérieures au mariage. Mais, suivant les législations, les pouvoirs du mari sont très larges ou très restreints. Tandis qu'en certains pays, il est maître et seigneur de la communauté, en peut disposer à son gré, même par voie de libéralité, ailleurs il ne peut aliéner aucun immeuble commun, ni le grever d'aucune charge, sans obtenir le consentement de la femme (L. R., II, I, 378).

La communauté de meubles et d'acquêts (*mobiliargemeinschaft*) existe comme régime légal en Alsace-Lorraine, en Bavière, dans la Hesse-Rhénane, dans le pays de Bade. Ce sont, à peu près, les règles de notre communauté légale française.

La communauté d'acquêts (*Errungenschaftsgemeinschaft)* qui ne met en commun que les économies faites par les époux et résultant de leur travail et de leurs revenus, s'applique dans des proportions égales (1) ; on la trouve dans la Bavière et dans le Wurtemberg. La grande question est de déterminer les acquêts ; or, sur le sens plus ou moins compréhensif de ce mot, les lois présentent de nombreuses différences (2). La théorie qui prévaut fait

1. D'après un tableau dressé par M. Roth *(Zeitschrift für vergl. Rechtswiss, I)* la population qui pratique la communauté de meubles et d'acquêts s'élève à 7 millions d'habitants ; celle qui pratique la communauté restreinte aux acquêts serait de 6,740,000.

2. V. Deglin, *Étude sur le contrat de mariage en droit comparé*, p. 113.

réputer acquêt tout bien, qu'on ne peut prouver être propre à l'un des époux.

Si nous sortons de l'Allemagne, nous trouverons la communauté universelle en Hollande, en Norwège et en Danemark, dans le grand-duché de Finlande, en Portugal (1) ; la communauté réduite aux acquêts en Espagne (2), en Suède (3), dans quelques cantons Suisses comme ceux de Schaffouse, de Fribourg, de Neufchâtel.

Le régime dotal est consacré par le Code civil italien. Tous les biens que la femme ne s'est pas constitués en dot sont paraphernaux (art. 1425 du C. civ. italien) ; c'est le système romain, dont le principe essentiel est, en effet, que le mariage n opère par lui-même aucune modification dans la situation respective du patrimoine des époux, et ne donne au mari aucun droit sur les biens de la femme, sous réserve des effets de la constitution de dot qui doit faire l'objet d'un acte exprès et distinct. Même régime de droit commun en Serbie (4), en Moldavie et en Valachie (5) ; dans quelques cantons

1. Sur le régime légal portugais, v. Guay (*Le régime de la communauté entre époux dans le nouveau Code civil portugais*), 1880, et la *Revue historique de droit francais et étranger*, t. IV, p. 132, t. V, p. 107.

2. Lehr (*Éléments de droit espagnol*).

3. D'Olivecrona (*Revue de Gand*, XV).

4. Saint-Joseph (*Concord.*, III, p. 485.

5. Zachariæ (*Histoire du droit privé gréco-byzantin*, traduction de Lauth, *Revue historique du droit français et étranger*, t. XI.

Suisses comme ceux du Tessin, de Vaud ; en quelques parties seulement de l'Allemagne comme le Mecklembourg, la Hesse, la Souabe (1). Au type romain, on peut encore rattacher le régime de l'usufruit marital (*System des ehemänlichen Nieszbrauch*) organisé par le Code Saxon de 1863 ; et le système autrichien (*Dotalsystem*). Le régime de l'usufruit marital se rapproche de l'union des biens, de la *Werwaltungsgemeinschaft* en ce que le mari a un usufruit sur les paraphernaux de la femme (2) ; et du régime dotal, en ce que tous les biens apportés par la femme, au moment du mariage sont présumés dotaux et comme tels, soumis aux règles du droit dotal romain. Le système autrichien est très voisin de ce type (3) (v. les articles 1237-1241 du C. civil autrichien).

On peut voir par cet exposé d'ensemble, qu'à peine pourrait-on trouver deux législations d'accord sur l'organisation des rapports pécuniaires matrimoniaux. Mais ce n'est pas seulement sur le prin-

1. Sous réserve des altérations locales ; certains auteurs soutiennent même, d'une manière générale, que le mari a la jouissance et l'administration des paraphernaux, en vertu des règles du droit germanique. v. M. Bufnoir (*Bull. de la Société de législ. comp.*, 1876, p. 167).

2. Mittermaier (*Grundsätze des gemeinen deutschen Privatrechts*, § 392, texte et note 17).

3. Kirchstetter (*Commentar zum Œsterreichischen bürgerlichen Gesetzbuche*, p. 590 et s.).

cipe du régime de droit commun, sur ses applications que portent ces nombreuses différences ; c'est encore sur l'étendue du pouvoir donné aux parties d'y déroger, sur la forme et sur l'interprétation de leurs conventions. Dans les chapitres spéciaux, consacrés à l'établissement du régime conventionnel, et aux effets du régime (1), ces différences apparaîtront par de nouveaux exemples.

La plupart des auteurs qui s'occupent des conflits, nés de cette extrême diversité de lois, les envisagent à deux points de vue :

Ils recherchent d'après quelle loi on détermine le régime légal ; en second lieu, quelle est l'influence du changement de domicile ou de nationalité sur ce régime une fois établi.

Sous ces deux aspects, la question doit faire l'objet d'un examen tout spécial et peut être n'est-elle pas encore épuisée, surtout au point de vue de l'histoire et du droit international comparé. Mais elle appelle d'autres développements sur le régime conventionnel ; qu'il s'agisse de la capacité des parties contractantes, des formes des conventions matrimoniales ou de leur interprétation.

1. Voir pour un exposé général des régimes matrimoniaux dans les diverses législations Neubauer (*Das cheliche Güterrecht des Auslandes*, Berlin, 1882). — Deglin (*Étude sur le contrat de mariage en droit comparé et en droit international.*)

Le plan qui suit embrasse l'ensemble de ces matières :

Première partie. — Détermination du régime matrimonial, au point de vue du droit international privé.

Chapitre premier. Détermination du régime légal.

Section I. Historique.

Section II. Droit international moderne.

Chapitre second. Etablissement du régime matrimonial par convention.

Section I. Capacité des parties contractantes.

Section II. Formes des conventions matrimoniales.

Section III. Validité intrinsèque et règles d'interprétation du contrat de mariage.

Deuxième partie. — Effets du régime matrimonial établi.

Chapitre premier. Etendue de ces effets sur le territoire.

Section I. Universalité des effets du régime matrimonial.

Section II. Exceptions à ce principe d'universalité *(douaire, inaliénabilité, prohibition de certains régimes)*.

Chapitre second. Durée du régime matrimonial.

Section I. De la mutabilité et de l'immutabilité du régime matrimonial.

Section II. Des effets du changement de domicile ou de nationalité, sur le régime matrimonial.

PREMIÈRE PARTIE

Détermination du régime matrimonial.

CHAPITRE PREMIER.

DÉTERMINATION DU RÉGIME LÉGAL.

Section I. — *Historique.*

Un grand nombre de droits divers, locaux et coutumiers, se partageaient l'ancienne France; tous les pays d'Europe étaient fractionnés par cette multiplicité des coutumes et des législations; ainsi l'Italie, l'Espagne, la Hollande, l'Allemagne, les vastes possessions de l'Autriche et de la Russie. Tant que les lois furent réelles, tant que la terre fut souveraine, dans le sens absolu du mot, ces divers droits n'entrèrent pas en lutte. Chaque coutume restait chez elle, isolée dans sa toute puissance; ses prescriptions uniques tranchaient toutes les difficultés qui pouvaient s'élever sur son territoire, mais leur force expirait à sa frontière. Concevrait-on que la terre fût souveraine en dehors du territoire ?

Mais du jour où l'idée de la souveraineté territoriale s'étant affaiblie, les glossateurs eurent introduit les statuts ; du jour où l'on eut admis — et non sans peine en France — que la personne dans son état et dans sa capacité ne pouvait pas varier ; et, qu'à ce point de vue, il y avait lieu de réserver, en chaque pays, une part à l'application de la coutume étrangère, la lutte s'éleva, comme il arrive toujours, sur la question de limite : où s'arrête l'empire diminué des lois réelles ; où commence le nouveau domaine du statut personnel ? De là d'innombrables discussions et, dans notre ancien droit, un long épisode de cette lutte éternelle qui se livrera toujours entre l'esprit d'innovation inspiré par les besoins actuels, ou par le pressentiment de l'avenir, et les traditions appuyées sur la force des siècles et du fait acquis. D'un côté les personnalistes, de l'autre les réalistes ; tous, s'accordant sur un point, c'est qu'il y a un statut personnel ; mais les premiers très-favorables à l'extension de l'idée de personnalité, les seconds très-avares de ses applications, décidés à la restreindre au plus petit nombre de cas possible. Ils engagèrent de longues controverses, sur les matières douteuses, difficiles à classer dans l'une ou dans l'autre catégorie de statuts.

Mais de toutes les discussions que fit surgir le conflit de contumes, la plus retentissante et la plus prolongée s'éleva à l'occasion de la communauté coutumière.

La grande majorité des coutumes admettait le principe de la communauté de biens, plus ou moins largement appliqué ; il n'était pas consacré en trois coutumes : celles d'Auvergne, de Reims, de Normandie ; ni dans les pays de droit écrit, fidèles au droit Romain.

Deux époux se marient sans contrat dans une coutume de communauté, par exemple à Paris où il sont domiciliés, la communauté a-t-elle effet sur les immeubles situés dans les coutumes où elle n'est point consacrée, par exemple en droit écrit ou à Reims?

Tel fut l'aspect sous lequel apparut la première difficulté. Dumoulin, avec la confiance qui lui était assez ordinaire, comme dit Froland, attaqua sur ce point le principe de la réalité que l'on admettait généralement avant lui. On appliquait aux biens des époux la même distinction qu'aux dévolutions des successions *ab intestat*. S'agissait-il des meubles, ils suivaient la loi du domicile matrimonial, en vertu de cette idée que les meubles suivent la personne ; mais les immeubles relevaient de la *lex rei sitæ*, du statut local, infiniment divers. De telle sorte que les époux, communs quant à leurs immeubles situés dans la coutume de Paris, ne l'étaient plus pour les fonds sis à Reims. Dumoulin, dans une consultation célèbre donnée en 1525 (1) soutint qu'il y avait lieu d'étendre la communauté même aux biens situés hors de la coutume de Paris, et qu'ainsi le régime coutumier du domicile matrimonial régissait universellement tous les biens des époux, en quelque lieu qu'ils fussent situés. Pour le prouver, il partit d'une idée fortement établie, même dans l'esprit de ses ses adversaires ; (2) il avait contribué à la rendre incontestable, par l'éclat des plus vigoureuses démons trations : les conventions, leurs effets relèvent du statut personnel, produisent leurs conséquences juridiques en tous lieux. Et il s'efforça d'établir que la communauté coutumière était, au fond, une convention tacite formée entre les époux ; elle sort, disait-il, du consentement des parties, « *causatur et introducitur ab ipso vero partium consensû* » car ceux qui contractent simplement, sans énumérer par articles exprès le détail de leurs volontés sont censés contracter selon les mœurs et les usages no-

1. *Conseil* 53, t. II, de ses œuvres.

2. Voir notamment d'Argentré, (*commentarii in patrias Britonum leges glose* 6, § 33, nos 14, 27).

toires de leur domicile, à moins qu'ils ne s'expriment formellement en sens contraire.

Inutilement voudrait-on lui opposer que les coutumes sont réelles, qu'elles ne doivent pas s'étendre à l'étranger, cela n'est vrai que lorsqu'il s'agit de leurs prescriptions obligatoires et de ces effets qui dérivent d'elles immédiatement « *in quantùm aliquid merè et immediatè ab ipsâ consuetudine producitur* » ; mais ici il n'est pas question de faire sortir la loi de ses bornes et de son territoire, c'est seulement donner effet à des conventions intervenues entre ses sujets ; cela peut se faire sans distinguer la situation des biens ; cela n'a jamais été révoqué ni mis en doute par personne. Si la coutume a effet hors de son territoire, c'est donc indirectement et par conséquence ; au fond il y a convention tacite ; or c'est une règle de droit que le pacte tacite emporte tous les effets de la convention expresse. Si les époux avaient formellement stipulé la communauté de biens, cette communauté s'étendrait à tous les immeubles situés en tous pays ; il en doit être de même, lorsque cet accord est tacitement intervenu.

D'Argentré (1), le réaliste, « entra ensuite dans « la carrière avec grand appareil, mais avec une

1. *Commentarii in patrias Britonum leges seu consuetudines generales ducatus Britaniæ. De donat.* Glose 6, nos 33 et 34.

« démangeaison trop marquée de contredire les « sentiments de Dumoulin » (1). D'après lui, les raisonnements de celui-ci dans sa consultation ne sont que des moyens d'avocat, imaginés pour soutenir un procès commencé, qui n'en est pas meilleur pour cela, *multa miscuit ut causam susceptam tueretur sed non meliorem.*

Si Dumoulin n'était Dumoulin lui-même, « homme d'une érudition et d'une probité extrêmes », il l'accuserait d'erreur volontaire : « *aut falli aut fallere velle* » et de chercher à profiter des avantages que sa profonde érudition lui donne dans le public : *insidias præcipitat dum hostem persequitur.*

Dire que le statut de communauté est personnel, dire que la coutume qui l'établit entre conjoints ne vaut pas à titre de loi publique, mais comme loi particulière agréée par les époux, à laquelle ils se sont volontairement soumis : *mirificum acumen !* Mots de parade inventés pour surprendre et pour éblouir l'esprit.

La plupart des époux qui se marient sans contrat n'ont pensé á rien : « *de communione, de con-* « *questibus, de doario, nihil reperitur cautum, nihil* « *provisum.* ».

En admettant même, que la convention tacite des

1. Bouhier (*Observations sur la Coutume de Bourgogne,* Ch. XXIII, n° 3).

parties intervienne pour adhérer à la loi, que les époux reconnaissent s'assujettir à ce statut, n'allons pas jusqu'à dire que c'est la convention qui fait la loi; la loi demeure ce qu'elle était avant que les parties y eussent adhéré ; ses effets, sa nature réelle ne sont pas modifiés par l'adhésion des parties : *lex non transit in conventionem, sed in suâ naturâ perstat.*

Et après avoir esssayé d'établir que le statut qui introduit la communauté de biens est réel, il se ré sume ainsi :

En l'absence de contrat, le régime de la communauté de biens est réel.

L'idée de convention tacite est impuissante à lui communiquer la nature personnelle; car, à supposer que les parties se soient tacitement soumises à la coutume, c'est pousser trop loin la fiction que de croire qu'elles ont voulu l'étendre, lui donner effet dans un pays où par nature elle ne doit point valoir ; au contraire, tout porte á admettre que les époux, en ne disant rien, s'en sont rapporté à la coutume, ils ont limité leur volonté sur le statut quī est réel : *non aliter nec alio modo assentiri intelliguntur qnam quomodo et effecta statutum disponit et intra ejus fines.*

La discussion se prolongea pendant deux siècles ; les personnalistes qui avaient contre eux la jurisprudence antérieure des Parlements, des arrêts célèbres comme celui de Lamberty (1), et enfin le principe général de la réalité des coutumes admis même par Dumoulin leur chef, finirent par faire prévaloir l'idée de convention tacite ; dès le dix-septième siècle ils semblent l'emporter. Parmi les anciens auteurs qui le consacrent, on peut citer Huber (2), Hertius (3), Rodenburgh (4), Lebrun (5), Cochin (6),

1. Rendu par le Parlement de Paris en 1547 ou 1548 ou encore 1559 (date contestée, voir Froland, p. 283, t. 1), sur examen très approfondi de la question et en audience solennelle.

2. Huberus (Livre 1, tit. 3, § 169, son Traité *De conflictu legum*, se trouve dans ses œuvres choisies en 2 vol. in-4°) : « Le statut de Hollande admet la communauté universelle, en l'absence de conventions expresses. Ce régime aura son effet même sur les fonds situés en Frise où l'on admet seulement la communauté réduite aux acquêts. A l'inverse deux époux Frisons mariés sous le statut de Frise, conservent en propres leurs immeubles, même sis en Hollande ».

3. Hertius *De collis. leg.* apporte un certain nombre d'espèces intéressantes, § 44, 46, 47 ; à toutes il applique le principe de volonté tacite, notamment il prévoit celle-ci : une personne domiciliée dans un pays de non-communauté, se marie dans un autre pays de communauté de meubles et acquêts, et enfin a des immeubles dans une coutume de communauté universelle ; la loi du mari, admise tacitement par les parties, vaudra pour le règlement de leurs rapports pécuniaires, en ces trois pays, § 46.

4. Rodenburgh. *De diversitate statutorum*, tit. 2, Ch. V, § 12 à 15.

5. Lebrun. *Traité de la communauté*, liv. 1, Ch. 2, § 2, 3, 4. « Les parties qui ne prennent pas d'arrangements, acceptent tacitement le droit matrimonial du lieu ; en vertu du principe général que pour les choses omises dans un contrat, les parties sont censées s'en être référées au droit local. »

6. Cochin (*Œuvres*, t. 3, p. 703, de l'édition, in-4°), même idée.

Auzanet (1), Bacquet (2), Lamoignon (3), Chaline (4), les auteurs des consultations insérées au tome II des œuvres de Du Plessis, et près de nous Bouhier Pothier.

Tous ne font que reproduire Dumoulin généralement en termes plus pâles ; ou que réfuter d'après lui, presque toujours avec moins de vigueur, les objections multipliées des réalistes contemporains. Bouhier (5) nous dit : que les conventions sont personnelles et ont leur exécution partout où les contractants ont des biens ; peu importe qu'elles soient tacites ou expresses ; or, « les dispositions des cou« tumes — en la matière — sont les articles du « contrat tacite que font les époux ». Cette société de tous conquêts qui en résulte doit s'étendre partout où le mari fait des acquisitions : « autrement il « serait le maître d'anéantir la convention, en « acquérant des fonds hors de la coutume de son « domicile et ainsi de frauder son associée. Injustice

1. Longuement analysé, par Froland.

2. *Traité des droits de justice*, ch. XXI, nos 66 et 67 : « La coutume sous laquelle est fondée la présomption, volonté et intention des parties est plutôt personnelle que réelle. »

3. Il avait voulu dans ses arrêtés en faire la règle générale du royaume : « Quand il y a communauté de biens entre mari et femme, il faut y faire entrer les acquêts faits aux lieux où la communauté n'est pas reçue ».

4. Méthode pour l'intelligence des coutumes.

5. *Observations sur la coutume de Bourgogne*. Ch. 23.

« qui ne doit pas être tolérée (1) ». Et Bouhier s'efforce de démontrer, avec beaucoup de finesse, le mal fondé des objections des réalistes, qu'il analyse et réfute, en les prenant chacune à part.

Pothier (2) accepte le même principe, mais il est très concis sur cette matière : quoique la communauté résultant du mariage soit appelée légale, ce n'est pas néanmoins la loi qui en est la cause immédiate... la cause immédiate qui produit et établit cette communauté est une convention qui n'est pas, à la vérité, expresse et formelle, mais virtuelle et implicite et par laquelle les parties en se mariant, sont censées être tacitement convenues d'une communauté de biens, telle qu'elle a lieu par la coutume du lieu de leur domicile : *in contractibus tacite veniunt ea quæ sunt moris et consuetudinis.*

D'où il suit qu'elle rendra communs et conquêts les héritages que chaque partie acquerra, quelque part qu'ils soient situés.

Un arrêt célèbre du Parlement de Paris appliqua la doctrine de Dumoulin vers le milieu du XVIIe siècle. Je veux parler de l'arrêt Vanelli du 29 mars 1640 (3) : Vanelli était originaire de Lucques en

1. *Chapitre* XXVI : *De la personnalité des statuts fondés sur les conventions présumées des contractants.*

2. *Traité de la Communauté,* article préliminaire.

3. D'autres décisions avaient été rendues dans le même sens. Notamment dès 1527 le Parlement, dans l'affaire de la veuve Ganney ; (à

Italie ; il avait établi son domicile et son négoce à Paris ; mais il s'était marié à Lucques sans contrat ; revenu à Paris, il y était resté jusqu'à sa mort. Sa veuve demandait le partage de la communauté ; elle fut déboutée. On considéra que les époux s'étaient soumis au régime dotal, consacré à Lucques, et que ce statut devait avoir son effet partout, même en France.

Comme les anciens arrêts n'étaient point motivés ni publiés sur la minute, on pouvait discuter à perte de vue sur leurs motifs. C'est ce qui arriva dans l'espèce. Sans entrer dans cette controverse qui n'aurait plus d'intérêt, remarquons d'après Froland qui l'établit solidement (1), que Vanelli s'était marié sans contrat, c'était donc bien le statut légal Lucquois que le Parlement faisait valoir même en France ; application évidente de l'idée introduite par Dumoulin.

Autre remarque importante : cette affaire mettait en conflit la coutume de Paris et une loi étrangère. Il ne s'agit plus ici du combat de deux statuts divers d'un même royaume, mais d'une véritable question de droit international. Le Parlement de Paris appli-

propos de laquelle intervint la consultation de Dumoulin), s'était prononcée pour la personnalité du statut de communauté. Arrêts analogues de la Chambre du Trésor en 1616 et du Parlement de Paris en 1617 ; Bacquet. *Diverses questions* (édit. de 1744), les analyse longuément.

1. Froland (*Mém. s. la pers. et la ré.*, t. I, part. II, chap. V, VI).

qua dans l'espèce, la théorie traditionnelle des statuts, sans qu'une objection s'élevât contre cette application (1) : On voit par là que si l'objet principal de la distinction des statuts était de trancher le combat des coutumes ou des lois locales d'un État ; elle était aussi internationale : en ce sens quellé s'étendait aux collisions se produisant entre les coutumes et les lois d'États différents. En un mot, comme on l'a très-bien dit, elle était le droit international lui-même (2). Ainsi se démontre, du moins en notre matière spéciale, l'inexactitude des affirmations de M. Laurent qui a dit : « qu'il ne se présentait pas au Parlement de Paris de causes internationales »... et que « les statutaires français et belges ne s'occupaient pas des lois étrangères ; la pratique ignorant ces conflits (3). »

Au temps de Bouhier la doctrine des conventions matrimoniales tacites était reçue par la majorité des auteurs et des Parlements du royaume (4). Certaines coutumes en contenaient même des applications

1. Ni dans Froland, qui examine longuement l'arrêt ; ni dans le plaidoyer de Gaultier, je n'ai rien trouvé qui marquât un doute sur l'extension de la doctrine des statuts à cette matière. Au contraire, ils ne raisonnent que par les statuts.

2. Voir sur cette question générale la remarquable démonstration faite par M. Lainé (*Jour. de Clunet*, 1885, *nos* III *et* IV. *Théorie des statuts dans ses rapports avec le droit international privé)*.

3, Laurent. *Droit civil international*, t. I, nos 257 et 258.

4. Bouhier, chap. XXVI, *Cout. de Bourgogne*.

formelles. Ainsi la coutume réformée de Bourgogne (art. 157, 158, 159); les statuts d'Anvers (art. 63, 65 tit. 41) de Transisulanie (partie 2, tit. 2, § 3) (1).

Mais les réalistes n'avaient point lâché prise, et d'Argentré faisait encore école.

La Bretagne, la Normandie, la Belgique, les Provinces-Unies restaient fidèles au vieux principe. Une décision de la cour de Brabant rendue en ce sens au XVIIe siècle, eut un retentissement immense, elle ranima la lutte un peu assoupie depuis Dumoulin :

Titius épouse Maevia dans la ville de Bruxelles où ils établissent leur domicile. Les époux n'ont point fait de contrat. Bruxelles est un pays de non communauté. Maevia avait des immeubles dans la coutume de Bergopzoom qui consacre la communauté de biens. Maevia meurt la première sans enfant. Son mari demande la moitié des biens situés dans la coutume de Bergopzoom. De là la contestation. La raison de douter était que par la coutume de Bruxelles où le mariage avait été contracté, où les époux avaient leur domicile, il n'y avait pas de communauté de biens entre les époux.

La Cour de Brabant se prononça en faveur du mari et lui attribua les droits et avantages de la

1. J. Voet, *comm. ad Pand*, livre 23, tit. 2.

communauté sur les biens patrimoniaux de la femme, sis dans la coutume de Bergopzoom. Et ainsi, le sentiment de Dumoulin n'emporta pas la balance.

Aussitôt la lutte s'engage : Stockmans (1), attaque la décision de la cour; Van der Muelen (2) la défend avec beaucoup d'habileté et donne à la question dans le titre même de son écrit le nom qui lui est resté : *famossima quœstio. (Decisio Brabantina super famossimâ quœstione)*. Il reprend un des principaux arguments d'Argentré qui avait dit que souvent les époux qui se marient n'ont pas d'intention, et ne songent pas à la communauté qui va exister entre eux (3). Il ajoute que la communauté n'est pas, comme on l'a prétendu, une conséquence même du mariage, une société de biens contractuelle dépendant de la société des personnes, car bien des pays ne l'admettent point; suivant que les parties se sont mariées sur tel ou tel territoire, elles sont placées sous tel ou tel régime; d'où vient cette diversité? De la diversité des lois. La communauté a donc son origine dans la loi, et non dans le consen-

1. *Decisiones Brabantinæ*. Déc. 50, p. 116 de l'édition in-folio.

2. *Decisio Brabantina super famossimâ quæstione....* la dissertation a été résumée dans l'*histoire des ouvrages des savants de Basnage*, octobre 1697, p. 87 ; et publiée en entier à la suite des œuvres de Stockmans, in-8°, Bruxelles, 1695.

3. D'Argentré, art. 218, glose 6, n° 33, *Comm.*

tement des parties, elle est par suite réelle.

Plus tard Froland lui-même (1), cherche à prouver que la communauté de biens, en dehors du cas de contrat est réelle et se limite au territoire (2), l'idée de convention tacite ne lui paraît pas acceptable : « ce ne sont là que des paroles, des subtili- « tés d'esprit ; des idées, des chimères, enfin des « moyens que la seule imagination échauffée produit. » La loi ou la coutume forme la communauté entre les conjoints précisément pour le cas où ils n'ont rien pensé ni rien voulu et comme l'a dit Duplessis (3) : « La communauté s'acquiert et se contracte sans stipulation comme étant un effet civil du Sacrement et de la loi, où la disposition de l'homme n'est pas nécessaire. »

Boullenois (4), ému par les « cris de M. d'Argentré » et de ses partisans, essaie d'écarter cette idée de convention tacite sur laquelle s'éternisent les discussions ; mais pour ne pas sacrifier les bons résultats qu'on en a obtenus, il rattache hardiment le

1. M. Deglin (*Étude sur le contrat de mariage en droit comparé et en droit international*, p. 216) le présente comme se ralliant à la doctrine de Dumoulin, ce qui est une erreur évidente.

2 Frol. (*Mémoires*, 315, 316, 317).

3. *Traité sur la coutume de Paris, tit. de la Communauté*, liv. 1, chap. I.

4. Boullenois (*Traité de la réalité et de la personnalité des lois*. T. II, p. 238-239, 299-300. T. I, p. 757 et ss).

régime de la communauté à l'état même des personnes. C'était une solution neuve, déjà indiquée par Lebrun (1) : « Je ne sais si, pour échapper à « tous les cris de M. d'Argentré contre Me Charles « Du Molin, il n'eût pas été plus court et plus con- « venable, sans recourir à la présomption d'une « convention et d'une soumission dont il ne paraît « aucune trace, de regarder les statuts de la com- « munauté et de la non communauté comme des « lois qui affectent les conjoints d'un état et d'une « condition purement personnelle....» (2).

Dans ce système, on n'a besoin ni de convention expresse, ni de convention présumée ; l'époux tient de la loi son état et sa condition de commun ou non commun, comme un autre tient d'elle son état de majeur ou de mineur.

Cette opinion que nous retrouverons, comme les deux autres dans le droit contemporain, fut isolée. L'idée de Dumoulin ne perdit pas sa faveur : le plus grand des réalistes du XVIIIe siècle Jean Voët (3) la fit sienne et ferma la bouche aux objections de sa propre école. Ce qu'un des premiers personnalistes

1. Lebrun. (*Traité des successions* ; titre *des réserves coutumières* n° 53, édition de 1692).

2. Boullenois. *Traité de la réalité et de la personnalité des lois.* T. II, p. 299-300).

3. J. Voët. (*Comm. ad Pand.* liv. 23, tit. 2. *De rit. nupt*).

avait commencé, un des derniers réalistes l'acheva.

Jusqu'à Jean Voët, on avait uniquement discuté sur le terrain des statuts réel ou personnel ; les réalistes ou niaient la convention tacite ou soutenaient qu'elle ne pouvait imprimer à la coutume ou à la loi essentiellement réelles un caractère personnel ; les personnalistes disaient qu'il y avait convention et que la convention étant de statut personnel, étendait ses effets partout ; Jean Voët désintéresse les deux principes ennemis de la question qui les met aux prises depuis si longtemps ; d'après lui, ni la réalité, ni la personnalité ne sont en jeu ; la convention des parties, dit-il, échappe aux statuts, à l'un et à l'autre ; qu'ils cessent de se la disputer : Deux époux se marient sans contrat en Hollande, leurs biens sont situés, partie en Hollande, partie en Frise. La communauté universelle qui est consacrée par les usages Hollandais s'étendra même aux immeubles de Frise, où ce régime n'est pas consacré : « Si ces immeubles, sis en Frise, sont com-« muns ce n'est pas en vertu du statut Hollandais, « car son application ne pourrait se justifier ni par « le principe de réalité ; la réalité s'arrête par es-« sence aux frontières ; ni par l'idée de personna-« lité, car le statut Hollandais ne contient pas de « prescriptions obligatoires, imposant aux époux la « communauté des biens, sis en Frise, il reste à

« dire que ces conséquences découlent d'un pacte « tacite entre les époux » loi particulière, qui suppose le silence et l'effacement des deux autres.

Jean Voët prouve ensuite de la manière la plus ingénieuse que le statut matrimonial relève bien de la volonté des époux. Le mariage entraîne nécessairement des conséquences quant aux biens, des rapports pécuniaires entre les parties ; ceux qui contractent mariage très simplement, sans conventions expresses, ont noué un accord tacite, au moins vague, sur les conséquences du mariage. Il en est ainsi dans tous les contrats ; vous ne faites qu'exprimer une volonté en gros, les effets de détail sont déduits par la loi et cependant c'est du contrat, ce n'est pas de la loi que naissent toutes vos obligations. Et Voët donne nombre d'exemples tirés du pacte *de non petendo,* du fideicommis de gage etc. Il va plus loin et dans un développement très audacieux : du seul silence des parties, dit-il, de leur non contradiction sort un contrat principal quant aux biens. Si en votre présence, sans contradiction de votre part, un ami gère vos intérêts, s'occupe de vos biens, il y a là non point un simple quasi-contrat de gestion d'affaires ; mais un mandat, un contrat, qui vous oblige, vis-à-vis ceux avec qui votre mandataire traite. Même situation ici, la loi traite pour les époux qui ne disent rien, ils sont présents, ils pourraient contredire ; dans leur silence elle se donne le soin de former pour l'un et pour l'autre le contrat qu'ils auraient du faire : il y a dans ce cas une vraie convention faite entre eux d'être communs en biens et si la clause n'est pas couchée dans un acte passé devant notaire, la convention n'en est pas moins solennelle parce qu'elle est écrite dans le texte de la coutume que nous devons regarder comme un dépôt sacré (1).

Et si cette convention produit ses effets même en Frise, si elle y détermine le régime légal des immeubles, ce n'est pas seulement parce que telle a été l'intention du législateur (représenté ici par les usages Hollandais immémoriaux), mais parce que telle a dû être la volonté des époux, car ils savent, (ils doivent du moins le savoir) quels sont les statuts du lieu où ils ont domicile, ou de celui auquel ils doivent s'établir par suite du mariage ; mais ils ignorent quels sont, dans ces divers lieux où sont dispersés leurs immeubles, les statuts matrimoniaux régissant les biens ; on doit donc croire qu'en contractant mariage, ils ont donné leur adhésion aux effets matrimoniaux, certains, connus, bien plutôt qu'à ceux d'une loi lointaine et inconnue, sur la-

1 Voir ce développement très heureusement reproduit par Froland qui n'en donne pas la source (*Mém.* p. 284, t. 1).

quelle ils ne pourront peut-être s'instruire, qu'en dépensant beaucoup de temps et d'argent.

La théorie de la convention tacite triomphait donc universellement. Elle emportait cette conséquence : qu'une seule loi déterminait le régime matrimonial des biens, et qu'il n'y avait pas lieu de s'attacher à la *lex rei sitæ*.

Mais quelle est la loi voulue par les parties ? C'était encore l'objet de grandes controverses. On avait proposé jusqu'à 5 opinions (1) qui tenaient : pour la coutume du lieu de passation du contrat ;

pour celle où la bénédiction nuptiale avait été donnée ;

pour celle du domicile de la femme ;

pour celle du domicile du mari ;

pour la coutume du domicile des conjoints au temps du décès du prémourant.

L'idée même de convention tacite fit rejeter les deux premières ; une résidence passagère dans un endroit, la passation d'un acte qui s'y fait par hasard ne pouvaient pas faire présumer qu'on ait eu l'intention de se soumettre à la coutume qui y règne.

1. Renusson (*de la communauté*, Part. 1 chap. 4, n. 18 et s.). Lebrun, id. Liv. 1 chap. 2, n. 36 et s. Duplessis (*Consultation*, t. 2, *consult.* 31). La Peyrere (*Décis, lett.* c. n° 128, 129, 131, édition de 1735).

La dernière opinion (1) ne pouvait pas prévaloir non plus; les droits des conjoints leurs sont acquis lors du mariage, il faut qu'il y ait une coutume qui les ait fixés dès ce même jour (2) et d'ailleurs le lieu où on mourra est incertain, comment présumer que les parties se sont référées au droit d'un pays qu'elles ne connaissent pas.

Il restait à choisir entre la coutume du domicile du mari et celle du domicile de la femme. Malgré quelques anciens arrêts du Parlement de Paris qui penchaient pour la seconde solution (3), les meilleurs auteurs et la jurisprudence uniforme des Parlements adoptaient la présomption du domicile du mari. La femme, en se mariant, disait-on, est censée se soumettre à la loi du domicile du mari, qui deviendra le sien.

Mais, comme il faut s'attacher à l'intention, le lieu de l'établissement actuel ne serait plus à considérer si lors du mariage le mari avait le dessein de s'établir ailleurs; c'est alors la loi du nouveau domicile qui devrait l'emporter.

Et il en serait ainsi alors même que le fait n'aurait pas suivi l'intention. C'est l'opinion de Po-

1. On la retrouve dans la jurisprudence Ecossaise récente, comme il sera expliqué plus bas.

2. Louet (*Lettre C Somm.* 15, n. 1).

3. *Journal du Palais,* t. 7, p. 414 et s. — Froland (*Mém. sur les statuts,* part. 2, ch. 12, n. 7). — Louet (*Lettre C Somm.* 15, n. 1)

thier (1); c'est celle de Dumoulin rapportée par Bouhier (2) qui s'y rallie : *inspiciatur locus domicilii habitationis viri, destinatæ tempore matrimonii* (3).

Ainsi dans le dernier état de l'ancien droit la théorie libérale de Dumoulin avait passé dans la pratique ; mais avec la présomption universellement admise que l'intention de la femme a dû être de se soumettre à la loi du domicile du mari. Cette présomption posée par l'interprète et par le juge, manquait, en théorie, de son fondement nécessaire : la loi.

Cependant, quelques textes l'avaient consacrée ; ainsi l'article 147 de la coutume réformée de Bourgogne :

« A lieu cette coutume en tous mariages qui se-
« ront faits entre gens résidants au dit duché, ores
« qu'ils fussent faits et accordés hors icelui, pourvu
« que le mari, au temps du traité, fît sa résidence
« au dit duché. »

Et l'article 148 : « Encore que la femme fût mariée
« hors du duché, toutefois, si elle est menée au do-
« micile du mari résidant en Bourgogne, elle sera
« réputée mariée selon la dite coutume,., comme si
« le traité y eût été fait et passé. »

1. *Article préliminaire. Traité de la communauté.*
2. Ch. XXVI, n° 27.
3. Il y a plusieurs arrêts de Cours de justice, en ce sens. Voyez Deglin, p. 219, *Jurisprudence des tribunaux de Lorraine*, par Rogeville. V° *Mariage*, p. 388 : Deglin analyse l'arrêt rendu.

Ainsi, la *famosissima quæstio,* à la fin du dix-huitième siècle, recevait dans le royaume une solution uniforme. Survient la Révolution qui, en réalisant l'unité législative, paraissait devoir supprimer son intérêt pratique et la faire oublier quelque temps.

SECTION II. — *Détermination du régime légal dans le droit international moderne.*

Aujourd'hui, les anciennes difficultés, nées du conflit des lois, se réveillent chaque jour plus vives et plus pressées. La *famosissima quæstio* qu'à la naissance du Code, on eût pu croire reléguée au rang des célébrités mortes, a repris place parmi les questions très vivantes. On peut s'en convaincre, en consultant le *Journal de droit international privé* ; on y verra se multiplier les jugements et les arrêts, sur la détermination du régime légal en droit international privé.

La grande difficulté de la matière vient de l'indigence des textes législatifs ; à peine quelques codes comme ceux de Prusse, de Saxe, de Louisiane, d'Italie ont-ils prévu les difficultés spéciales qui peuvent surgir des conflits de législations ; comme dans l'ancien droit, la question soulève de grandes controverses.

Dans la diversité des nuances et des opinions

particulières, nous avons cru pouvoir marquer quelques tendances maîtresses et réduire la variété des théories à plusieurs types très nets. Trois grands courants, déjà signalés et venant de loin, se dessinent dans la doctrine et dans la jurisprudence des diverses nations. Un premier système, le plus antique et le plus diminué, tient pour le régime consacré par la loi de la situation des biens, en vertu de cette idée que le droit matrimonial serait de statut réel, du moins en ce qui concerne les immeubles. C'est la théorie des Anglo-Américains. Le second, très complexe par la diversité de ses motifs et de ses applications, se prononce pour la loi personnelle du mari qui est d'après les uns, la loi nationale, d'après les autres, celle du domicile. Il prédomine chez les Allemands, les Suisses, les Italiens. Enfin le dernier, plus particulièrement admis en France et en Belgique, rejette l'application des lois locale ou personnelle en tant que locale ou personnelle, et tenant le régime légal pour conventionnel tacite, il recommande au juge de prendre sa route vers l'intention muette des époux et de consacrer, suivant les circonstances, le régime qu'ils ont voulu, alors même qu'ils n'ont pas formellement exprimé le vouloir.

§ I. — Système de la réalité du statut matrimonial.

En Angleterre et aux États-Unis, on se fonde sur ce principe général : les immeubles sont régis par la loi locale, tant pour leur détermination que pour leur transmission ; les meubles suivent la personne. D'où l'on prétend déduire qu'il y a lieu de distinguer, en ce qui concerne le régime matrimonial, les immeubles des époux, leurs meubles. Les premiers étant soumis au statut réel, seront placés sous le régime matrimonial de la loi du lieu ; les meubles suivront partout le régime organisé par la loi du domicile matrimonial. Deux époux français, mariés en France sans contrat, sont propriétaires de biens mobiliers et immobiliers ; leurs immeubles sont situés partie en France, pays de communauté ; partie dans l'État de New-York où règne la séparation de biens, partie enfin dans le Tennessee où subsiste, dans ses traits principaux, l'ancien régime exclusif de communauté ; au regard de la jurisprudence de l'État de New-York, ces époux, selon la nature et la situation de leurs biens sont simultanément placés sous ces divers régimes. Il y a communauté légale pour tous les meubles présents et futurs, sauf les exceptions prévues au Code civil et pour les immeubles conquêts situés en France, séparation de biens pour les immeubles de New-York qui ainsi restent propres à chaque époux, tant pour la propriété que pour la jouissance et l'administration; enfin les immeubles de la femme, situés dans le Tennessee, seront sous la jouissance et sous l'administration exclusives du mari.

Ainsi, la détermination du régime légal se fait d'après deux principes très distincts qui divisent la loi du patrimoine des époux, selon la nature des biens; d'une part les meubles soumis à un régime unique et universel : celui du domicile matrimonial; d'un autre côté, la fortune immobilière, subordonnée aux régimes multiples des lois locales, et, en quelque sorte juridiquement fractionnée sous des législations diverses.

Le principe de réalité appliqué au statut matrimonial des immeubles, est posé par tous les auteurs. Burge l'appuie sur ces axiômes (1).

« Le droit qui par sa propre force, et en dehors « de tout contrat, intéresse la propriété immobi- « lière, est réel. — La propriété immobilière relève « du seul droit réel du lieu. — La communauté lé- « gale n'a pas d'effet, là où la loi locale ne la con- « sacre pas.

Story (2) n'est pas moins affirmatif.

(1) Burge, *Commentaries on colonial and foreign law*. Part. 1 ch. 7 § 8) — voir aussi la note de Lashley citée par lui p. 623 à 625.

2. Story (*Conflicts of laws* § 159).

« La propriété réelle et immobilière *des époux* est « soumise à la *lex rei sitæ* qui n'a pas la force d'une « loi exterritoriale ».

Et plus récemment Westlake (1).

« Le principe du droit matrimonial, sain en rai- « son, n'est pas admis en Angleterre pour les im- « meubles. » (2)

Dans cette doctrine on s'attache à rejeter l'idée de convention tacite appliquée à la détermination du régime légal (3). On ajoute comme faisait d'Argentré (4) lui-même, que la convention tacite des époux ne peut pas, en adhérant à la loi qui est réelle, changer sa nature ; c'est l'argument invoqué par la Cour de Louisiane dans l'affaire de Saul contre ses créanciers (5), repris par Story (6) qui le

1. Westlake (*Treatise on the private International law* § 31).

2. M. Laurent, (*Traité de droit international.* t. V, § 235 à 239) dit cependant, d'après Phillimore qu'il prend pour guide, qu'en Angleterre c'est la loi du domicile matrimonial qui régirait les immeubles comme les meubles, sans qu'il y ait lieu d'appliquer la loi de la situation. Cette opinion, qu'il exprime d'ailleurs sous une forme dubitative, tombe devant les textes ci-dessus. Phillimore (*International law*, t. IV, § 476 à 479) dit bien, il est vrai, d'une manière générale que le principe du domicile matrimonial « est applicable à la propriété des époux mariés sans contrat » ; mais les applications qu'il donne de ce principe sont uniquement relatives aux meubles et, par leur spécialité, resserrent le sens des expressions trop larges.

3. Voir notamment Burge (*comm. part.* 1, ch. 7, 7 § 8).

4. (*Comm. Des donations*, glose 6 nos 33 et 34).

5. *Saul v. his creditors. Martin's reports*, t. 17).

6. Story *Conflicts of laws* § 157.

tient pour irréfutable. La Cour observait que « si « la loi est réelle, le régime matrimonial conven- « tionnel tacite l'est aussi nécessairement. L'étendue « du contrat dépend de l'étendue de la loi... les « parties sont censées avoir contracté en se référant « à la loi telle qu'elle était, avoir connu ses limites « et sa nature ; en un mot, elles sont tombées d'ac- « cord que la loi les lierait ; mais dans la limite où « cette loi même est en vigueur, point au-delà ».

Et d'ailleurs le statut réel est équivalent à un statut prohibitif. L'un et l'autre s'imposent à tous sur le territoire comme étant d'ordre public (1).

Si nous passons aux meubles, nous voyons, que l'on applique la loi du domicile matrimonial, en tout lieu, sans s'attacher à la situation des meubles. En ce sens, toute la jurisprudence, tous les auteurs Anglais et Américains (2). Dans une affaire qui ne touchait pas directement à la question Lord Meadowbank s'est exprimé en ces termes devenus célèbres en Angleterre. « Je rapproche l'es- « pèce du cas ordinaire de transfert de la propriété « des biens de la femme par l'effet du mariage. « Lorsqu'une riche lady ayant en Ecosse beaucoup « d'argent ou de dépôts pécuniaires en banque, ou

1. Story (*Conflicts of laws* § 157).

2. Burge (*Comm.* § 8 precité -- Story § 158 - Westlake, § 32 -- Phillimore, § 476. V. un arrêt de la cour d'appel *de New-Jersey* du 28 novembre 1884 (*J. de droit int.* 1885).

« d'actions industrielles, se marie à Londres, toute « la propriété passe de plein droit au mari. Cette « attribution légale produit son effet hors des limi- « tes du territoire et par tout l'univers, *without re-* « *gard to territory, all the world over* ».

La jurisprudence anglaise se prononce en ce sens dans un grand nombre d'arrêts (1).

Le motif généralement donné à cette solution, c'est qu'il y a lieu d'appliquer le vieil axiôme : que les meubles suivent la personne, *personæ ossibus inhærent*. Mais ce principe, pris dans l'acception que lui donnent les auteurs continentaux conduirait à appliquer aux meubles le statut personnel, c'est-à-dire la loi nationale des époux ou celle de leur domicile d'origine, qui n'est pas toujours la loi du domicile matrimonial. Le principe, en soi, est donc visiblement insuffisant pour justifier la tendance invariable des auteurs et de la jurisprudence à consacrer le régime légal du lieu où les époux sont domiciliés, et non pas, comme on l'a avancé (2), celui de leur loi personnelle. Il ne faut pas se laisser tromper par la maxime invoquée : *mobilia ossibus personæ inhærent*. Elle n'est pas prise par nos voisins

1. Affaires Cornuck contre Garnett (analysée par Phillimore, § 479) Saver c. Shute (Anstruther's reports, t. I, p. 63); Campdell c. French ; Dues c. Smith ; en 1855, Watts c. Schrimpton ; en 1874, de Serre c. Clarke, arrêts rapportés et analysés par Westlake, p. 65.

2. Laurent, t. V, § 236 à 239.

dans ce sens habituel et juridique que les meubles font partie du statut personnel; mais ils la traduisent en quelque sorte brutalement et dans une acception de fait : les meubles sont censés se trouver là où est la personne, dans l'espèce : au domicile conjugal; par suite de cette fiction, ils tombent sous l'application de la loi du lieu de la situation feinte, du statut réel fictif; si la loi du domicile matrimonial s'applique, c'est donc encore en tant que loi locale et réelle ; si elle vaut, même à l'étranger, ce n'est point qu'elle ait en soi une force exterritoriale; elle n'a pas franchi les limites du territoire; mais, par présomption et par fiction forcée, ce sont les meubles qui n'en sont pas sortis (1).

L'idée de réalité trouve donc une satisfaction au moins platonique jusque dans la dérogation apparente qui lui est faite.

Mais si le principe est sauf, les besoins pratiques, l'influence des auteurs du continent ont agi sur ses applications. Lorsqu'il faut déterminer le domicile matrimonial, on ne s'attache pas exclusivement au lieu, où en réalité, se trouvent les époux lors de la

1. Burge (*comm. on col. and for. Law*, part. 1, ch. 7, § 8) : « De « même que le droit de communauté affecte seulement les biens si- « tués sur le territoire, de même il n'affecte les meubles qu'en tant « que leur propriétaire est actuellement domicilié dans le pays, car « le lieu du domicile du propriétaire est par fiction, celui de la situa- « tion des meubles. »

célébration du mariage : mais à celui où les parties entendaient, lors du mariage, fixer le siège de leurs intérêts ; en un mot, à leur volonté. Et sur l'autorité invoquée de Savigny et des jurisconsultes continentaux en général (1), la jurisprudence n'a pas hésité à admettre (2) « qu'en principe les droits matrimoniaux d'une femme qui se marie avec l'intention d'un retour prochain *(instant removal)* dans un autre État doit être réglé par le droit du domicile intentionnel au cas où il n'y a pas de contrat » ; même solution dans l'affaire Lebreton contre Mouchet (3), dans un cas où les parties domiciliées en Louisiane s'étaient mariées dans un autre État, puis étaient revenues tout de suite après. Enfin tout récemment, à l'occasion d'une affaire déjà citée (arrêt du 28 novembre 1884 de la Cour d'appel de New-Jersey) le juge chargé d'émettre l'opinion de la Cour, s'est incidemment rallié à la théorie du domicile intentionnel tel que Story l'a consacrée (4).

Ainsi, à le prendre dans son trait caractéristique, le système des Anglo-Américains subit encore l'influence des principes féodaux, comme leur législation en général. Il s'explique par la jalousie d'une

1. Story (*conflict of laws*, § 193).
2. Affaire des curateurs de Ford contre Ford (*martin's reports*, t. III).
3. Lebreton c. Nouchet (*martin's reports*, t. III).
4. Story, *Confl. of laws*, § 193.

loi locale qui craint l'asservissement de la souveraineté nationale á des lois étrangères et qui veut régner sans partage sur le territoire national, sur le sol : cette assiette fixe et matérielle de l'État. Tout ce qui touche à la propriété immobilière émeut chez les Anglo-Américains le sentiment de l'intérêt général et de l'ordre public. Sous l'action de cette sollicitude inquiète, le principe de la réalité s'élargit jusqu'à enfermer dans le cercle de ses applications obligatoires, le régime légal de la fortune immobilière des époux. Nous avons vu l'importance de ce système dans l'ancienne France ; l'Allemagne l'a connu aussi ; mais comme plus longtemps féodale, elle lui fut plus longtemps fidèle. Il était universellement admis au temps d'Hommel. Au dix-huitième siècle, déjà partiellement abandonné par la pratique et par tous les auteurs (1).

Mais, tandis que dans la plupart des nations, les principes féodaux en disparaissant ont retiré au système de la réalité sa base séculaire et sa seule raison d'être ; aux États-Unis, le temps a fait sortir de l'ordre actuel des choses et du développement social comme une nouvelle force à son appui. Il a paru aux Anglo-Américains que dans leur pays, immense rendez-vous des étrangers du monde entier,

1. Waechter. *Archiv. für die civilistische Praxis,* t. 25, p. 48, note 261.

patrie de toutes les nationalités, l'application des lois deviendrait impossible si l'on ne maintenait pas la souveraineté de la loi locale, avec un soin très étroitement jaloux ; ainsi dans la détermination du régime légal, quelles difficultés pour le juge s'il pouvait être tenu d'appliquer aux époux étrangers la loi étrangère, non-seulement dans les questions relatives à leur état, à leur capacité, à leur fortune mobilière, mais encore en tout ce qui touche leurs immeubles ! Sauvons au moins le sol, ont dit les Américains, et gardons-le contre l'invasion des races ; si sur certains points, la loi locale ne s'affirme pas exclusivement, si en notre matière, elle n'impose pas à tous les immeubles un régime légal unique, le prétoire devient une Babel juridique et le juge se perd dans la confusion des lois pire que celle des langues. C'est ce que Redfield (2), dans une matière voisine, exprimait avec énergie lorsqu'il disait que par l'application du système contraire : « Les citoyens ou sujets d'un même État sont sou-« mis à autant de lois différentes qu'il y a de na-« tionalités parmi ses habitants. Dans la Républi-« que Américaine qui compte près de cinquante « États et environ la moitié de ce nombre, de na-« tionalités distinctes, le plan absurde de donner

1. Redfield, dans son édition de Story, p. 234, § 171.

« aux relations matrimoniales la loi absolue du « lieu où le mariage a été célébré ou du domicile « conjugal donnerait lieu à une telle confusion dans « les termes de la loi qu'elle suffirait à démontrer « qu'une telle règle ne saurait être fondée sur au- « cun principe, juste et pratique ».

Telle est la théorie anglo-américaine présentée dans son complet développement (1).

Ajournant le contrôle et l'examen critique de son principe à la discussion générale qui s'ouvrira plus tard, nous passons à l'exposé d'une autre opinion très en faveur auprès de l'esprit moderne.

§ II. — Système qui applique à la détermination du régime légal la loi personnelle des époux.

Tous les partisans de cette théorie admettent que le patrimoine des époux constitue une unité. Sans doute, dans le gouvernement intérieur d'un même régime, on pourra ne point traiter absolument de même les meubles et les immeubles. Ainsi la communauté légale française suppose cette distinction ; mais un principe unique doit dominer le régime conjugal

1. On peut lire encore sur le système anglo-américain Schœffner (*Entwicklung des internationalen Privatrechts*, §§ 104 et 105). — Fœlix et Demangeat (*Droit international*, § 90). — Lawrence sur Wheaton (*Commentaires sur le droit international*, t. III, p. 380-390). — Wheaton (*Treatise on the conflict of laws*, § 192 et s.).

pris dans son ensemble (1). De telle sorte que les époux ne puissent pas se trouver à la fois placés sous deux régimes légaux, comme la communauté et la séparation de biens. D'accord pour écarter l'application simultanée de principes différents aux divers éléments d'un même patrimoine, on s'entend également pour admettre le régime légal consacré par le statut personnel des époux, c'est-à-dire du mari ; car, par le mariage, sa la loi devient celle de la femme et la gouverne avec toute sa famille.

Mais, cette idée admise, on se divise profondément sur ses conséquences. En Italie et dans les pays à législations unitaires, elle conduit à l'application de la loi nationale des deux parties : dans le droit allemand et suisse elle mène au principe du domicile marital.

I. — APPLICATION DE LA LOI NATIONALE DU MARI (2).

Cette doctrine est universellement admise en Italie. Des époux français se marient sans contrat à Rome, ils seront placés sous le régime de la communauté légale française ; des époux Italiens se ma-

1. Bar (*Intern. Privatrecht*, p. 336).

2. Fiore, §§ 323 à 333. Pacifici Mazzoni (*Instituzioni di diritto civile italiano. Firenze*, 1874, I, n° 148, pp. 274 et 275). Gabba (Teoria della retroativita delle leggi, t. 4, p. 316). Mancini (*Journal de droit international privé*, pp. 294, 299). Au nombre des rares adversaires : Rocco ci-dessous cité. Bruza (*ediz. del diritt. internaz. del profess. Casanova. Firenze*, 1876, p. 302 et s.).

rient à Marseille, ils seront, au regard des tribunaux italiens, mariés sous le régime légal italien. Cette solution ne semble pas contestable en droit positif. L'article 6 du Code civil italien est ainsi conçu : « L'état et la capacité des personnes et les « rapports de famille seront régis par la loi de la « nation à laquelle ils appartiennent. » Ce principe est générique. Les rapports de famille étant à la fois personnels et patrimoniaux, produiront des effets tant à l'égard des personnes dont il s'agit qu'à l'égard des biens ; la loi nationale s'appliquera aux uns et aux autres (1).

L'intention du législateur italien ressort nettement des procès-verbaux de la commission de coordination (2). L'article 6, dans sa première rédaction, ne soumettait à la loi nationale que l'état et la capacité des personnes. Sur la proposition d'un membre de la commission, on ajouta : *les rapports de famille*. C'est donc qu'on attachait à ces mots un sens distinct ; les rapports purement personnels étaient déjà réglés par la première partie de l'article ; il s'agissait de leur assimiler les relations de famille, d'ordre pécuniaire comme « le droit d'usufruit

1. Esperson (trad. par Antoine, *Journal de droit international privé*, 1881, p. 214).

2. Procès-verbaux de la commission pour la coordination des dispositions du Code civil (Turin, Imprimerie royale, 1866, p. 27.)

« attribué aux parents. » L'auteur de la proposition, que je cite ici, n'a parlé de l'usufruit légal du père qu'à titre d'exemple ; l'interprète, le juge ne doivent pas hésiter à déduire toutes les conséquences du principe que cet exemple éclaire.

Tous les auteurs italiens modernes sont, pour l'application du régime légal déterminé par la loi nationale (1). Ils invoquent, en notre matière, le droit étroit qui existe entre la condition des personnes mariées et celle de leurs biens.

En droit français, disent-ils, la femme dépendante du mari sous le rapport personnel l'est aussi sous le rapport pécuniaire ; d'après l'article 1388, les droits du mari comme chef ne peuvent pas être écartés ou diminués conventionnellement. Là où la situation de la femme, comme personne, est encore plus amoindrie, la condition de ses biens se resserre et s'aggrave sous le dur régime d'exclusion de communauté, l'ancien système anglais en est la preuve saisissante : dans le ménage une seule personne : le mari ; par voie de conséquence, un seul patrimoine où s'absorbe la fortune de la femme. Là où la notion de l'autorité maritale, et même de la hiérarchie

1. Fiore, §§ 323 à 333. — V. Cependant Rocco (*Trattato di diritto civile internazionale*, Lib. III. cap. 21 et 22) qui se prononce pour la loi du domicile. Cela s'explique par la date relativement éloignée de son ouvrage.

morale entre époux s'est affaiblie ou éteinte, là où tend à prédominer l'idée d'égalité des deux époux dans le mariage, les biens sont en quelque sorte émancipés comme la femme. Ainsi à New-York et dans un grand nombre d'autres législations (1). Une même idée inspire donc le législateur dans l'organisation des rapports pécuniaires et des rapports personnels des époux ; un même régime, au fond, gouverne les personnes et leurs biens ; que les biens et les personnes soient donc toujours soumis à la même loi qui est la loi nationale du mari !

Si les Italiens sont les principaux partisans de l'opinion qui tend à appliquer aux époux mariés sans contrat le régime légal déterminé par la loi nationale du mari, il est cependant facile de signaler dans les autres pays un courant d'idées sympathiques à leur système (2). Tous les jurisconsultes qui tendent à faire prédominer dans le règlement des conflits de droit international privé l'idée élargie de la personnalité, penchent pour la doctrine italienne, lorsqu'ils sont d'un pays de législation unitaire.

1. V. l'aperçu de législation comparée ci-dessus. Sect. I. Chap. I.

2. Le système espagnol semble bien être celui de la loi italienne. Un arrêt du tribunal suprême de Madrid (27 novembre 1868) décide que « la « loi de chaque individu organise le régime de son mariage ou de sa « famille » ce principe a force de loi en Espagne d'après le témoignage de M. Salmeron, ancien ministre espagnol de la justice. (*Journal de Clunet* 1882, p. 407).

Ainsi l'auteur d'un récent traité de droit international privé, M. Weiss s'accuse visiblement pour l'application de la loi nationale des époux (1), sauf certaines réserves que l'état actuel du droit français lui commande. Et même en Allemagne, avec le développement de l'idée de la patrie allemande, on a vu se faire jour le principe de l'application de la loi nationale au régime légal des époux, du moins comme doctrine de l'avenir, comme vœu à l'adresse de la législation future (2). Le nouveau Code pour l'empire allemand devrait contenir, d'après M. Mommsen, la prescription suivante : « Les rapports matrimoniaux des époux se déterminent par le droit de l'Etat auquel le mari appartient. »

II. — APPLICATION DE LA LOI DU DOMICILE.

On essaierait en vain de caractériser d'un trait la doctrine allemande. Comme sur tant d'autres questions, ses partisans se partagent à l'infini. Division

1. Weiss (*Traité de droit international* t. II, *conflit des lois : action du mariage quant aux biens*), y joindre quelques décisions de jurisprudence qui penchent en ce sens : Tribunal de Marseille, 10 août 1881. — Aix, 7 février 1882. (*Journal le Droit*, 8 janvier 1883). — V. examen doctrinal de M. Renault (*Revue critique* 1883, p. 279). — Dans le même sens Neveu (*Thèse* p. 154).

2. Mommsen, article d'août 1878 (*Archiv. für die civilist. Praxis*, t. 61 à la fin).

sur les motifs de leur doctrine ; division sur le sens à donner au mot domicile.

Les plus nombreux partent, comme les Italiens, de cette idée que le régime légal procède directement de la loi qui organise le mariage ; qu'il relève, comme le régime des personnes, du statut personnel. C'est l'idée fortement exprimée par Mommsen dans un article précité (1) ; d'après lui la loi étrangère doit être appliquée aux étrangers sur le territoire pour les rapports personnels ; et, définissant ce qu'il faut entendre par rapports personnels, il dit que par là « on entend directement l'état et la « capacité ; mais, par voie de conséquence, les « rapports du droit de famille et d'héritage se dé« terminent par les mêmes règles », d'où il suit qu' « en ce qui concerne le régime matrimonial, « conséquence du mariage, c'est le statut person« nel qui doit décider » (2).

Plus récemment encore, un écrivain d'autorité pose la même règle (3) qui avait été invoquée avant lui par un grand nombre d'auteurs (4) et par les

1. *Archiv. für die civilit. Prax.*, t. 61, p. 151.

2. id. p. 182.

3. Baehr. Article publié en 1883 (*Wohnsitzrecht und heimathrecht*) dans les *Jahrbücher für die dogmatik des heutigen römischen und deutschen Privatrechts*, p. 35 et s., § 6.

4. Notamment par Kierulf (*Civilrecht*, I, p. 79). Stobbe (*Handbuch des deutschen Privatrechts*, Berlin, 1871, I, p. 205, note 12). Teichman (*Wandelbark od unwand*, p. 9) et de très nombreux auteurs dont Teichman cite les noms et des extraits.

considérants d'un arrêt de la Cour de cassation de Berlin (1).

La conséquence logique, dans les pays à législations non unitaires, serait que l'on doit appliquer au régime légal la législation du domicile d'origine *(Heimathsrecht)*. Mais on sait qu'en Allemagne cette notion de la vraie loi personnelle est encore trouble; la doctrine dite du domicile a donné lieu aux plus grandes incertitudes d'application ; et encore aujourd'hui on en est à se demander en nombre de cas, si la jurisprudence (2) entend par domicile le lieu de l'habitation *(Wohnsitz, Bleibende Domicil)* ou le domicile d'origine (*Heimath*).

En notre matière, c'est la première interprétation qui, sans aucun doute, a toujours prévalu. On peut s'en convaincre par les décisions très nombreuses, contenues aux Archives de Seuffert et dans le Recueil des décisions du tribunal supérieur de l'Empire (3). Toutes s'attachent au domicile matrimonial.

1. Du 24 juin 1827 (*Volkmar*, p. 45).

2. Baehr précité : « La pratique allemande n'est pas nette et l'on se demande souvent de quel domicile il s'agit ».

3. *Entscheidungen*, t. 7, p. 393 jugement du 7 mars 1882 où je lis : « Le régime matrimonial des époux se détermine par la loi du lieu où le mari a son domicile lors du mariage ». V. aussi. même vol. le jug. du 18 avril 1882.

Aux Archives de Seuffert, t. I, p. 152 ; t. VII, 137 ; XIV, 106 ; XVIII, 1 ; XX, 2 ; XXIV, 104 ; XXVI, 288 ; XXVIII, 187 ; XXXII, p. 103-104.

Une telle doctrine a sa source dans un état de législation très compliqué, elle s'impose comme une nécessité de fait et de justice pratique. Si jusqu'à présent le juge allemand s'est attaché à la loi du domicile d'habitation pour la fixation des rapports des époux, si c'est même d'après cette loi qu'il a jusqu'ici déterminé d'une manière générale les relations personnelles, à l'occasion desquelles le conflit de législation peut s'élever, la faute en est, suivant l'expression pittoresque de Mommsen, à cette grande bariolure (*Buntscheckigkeit*) du droit allemand, si divers sur la matière du régime matrimonial et des successions, en particulier. « A « peine pourrait-on trouver un statut qui ne con- « tienne des prescriptions spéciales sur ce point ; « les législations ont toujours reculé devant l'unifi- « cation. En voici un exemple frappant ; à peine en « trouverait-on un second qui pût en égaler la sin- « gularité. Il s'agit du duché de Schlesvig-Holstein : « on distingue d'abord entre le Schleswig et le « Holstein ; le droit commun (*Allegemeines Recht*) « pour le premier, c'est le droit du Jutland, pour le « second une législation locale propre ; mais l'ap- « plication de ce droit commun ne se fait qu'aux « districts ruraux et encore faut-il excepter ceux « qui ont acquis une organisation cantonale dis- « tincte comme ceux de Dithmascher, de Liderstedt.

« Ces cantons ont leurs droits particuliers. Les « villes jouissent de législations à elles. Mais ces lé- « gislations même se morcellent dans l'intérieur « d'une seule ville ; les anciens quartiers, par exem- « ple, ne sont pas soumis au même droit que les « nouveaux ; car les terrains incorporés plus tard à « la ville ont conservé leur législation primitive. « Parmi tant de statuts divers, il n'y en a qu'un « très petit nombre qui s'accordent sur les princi- « pes du droit matrimonial... Dès lors, dans le « conflit des législations, la notion de la loi natio- « nale à appliquer, ne peut pas même se concevoir. « Il est tout aussi difficile de s'attacher au domicile « d'origine ; car dans ce domicile, plusieurs légis- « lations s'appliquent concurremment et, en outre, « dans un très grand nombre d'entre elles, le droit « local n'a reçu aucune forme précise... on com- « prend donc que pour le conflit des lois dans « l'intérieur d'un même État on ait été obligé de « s'attacher à la loi du domicile d'habitation « (*Wohnsitz*) ; le même principe fut étendu aux con- « flits entre États (1) ».

Mais comment déterminer ce domicile matrimonial ? Dans certaines circonstances la question est délicate ; souvent, les époux sont d'humeur voya-

1. Mommsen, art. précité. *Archiv.*, t. 61, pages 153-155.

geuse ; après leurs noces, ils se fixent ici et là ; ils essaient en quelque sorte plusieurs établissements successifs (1). Si ces différents domiciles se placent sur le territoire de législations diverses, auquel s'attacher pour déterminer leurs rapports matrimoniaux, d'ordre pécuniaire ? Ici encore, il y a eu des divergences. En général on admet que le juge doit prendre en considération le premier domicile matrimonial. C'est la décision du *Landrecht* prussien (2) : « La communauté de biens n'est consacrée par les « lois provinciales et par les statuts que lorsqu'elle « est la loi du lieu où les époux ont eu leur premier « domicile après l'accomplissement du mariage ».

Nombres d'auteurs Prussiens, Saxons, Bavarois, Autrichiens et Suisses se prononcent en ce sens (3).

Si la plus grande partie des jurisconsultes fondent la doctrine du domicile matrimonial sur cette idée que le régime légal des biens est imposé par la

1. Teichman (*Wandelbarkeit od. unwand. des eh. gesetz*, p. 12).

2. Allg. L. R. II, 1, § 350. — Joignez-y le code saxon (*Bürgerliches gesetzbuch für Sachsen*, § 14).

3. Prussiens : Foerster (*Theorie und Praxis*, I, § 11, note 38). — Dernburg (*Lehrbuch*, I, § 28, note 6).

Saxons : Siebenttaar (*Lehrbuch*, 1872, p. 40).

Bavarois : Roth (*Bayercivilrecht*, I, 137). — Badois : Behaghel (*Die ehelichen güterverhältnisse der ausländer*, etc. Fribourg 1873, p. 8, note 10.)

Autrichiens : Unger (*System*. I, p. 194). — Kirschtetter (*Commentar*, 1876, p. 59.). — Schiffner (*Syst. Lehrb.* 1877, p. 67).

Suisses : Teichman, précité, p. 17.

loi du lieu où les époux ont leurs intérêts communs, lors du mariage, cependant une minorité, illustrée par de grands noms, appuie le système sur un autre principe; le régime légal ne résulterait pas de la volonté directe du législateur, de l'effet impératif du statut du domicile, mais de la volonté même des parties et comme ils disent : de leur autonomie. Waechter et Savigny, ont combattu pour cette idée. On doit supposer que les époux se sont soumis à la loi du domicile qui leur sera commun (1). Savigny, avec une nuance plus atténuée (2), a dit que le choix du droit du domicile se ramenait à la soumission volontaire impliquée dans le fait négatif de ne point exclure le régime du domicile matrimonial. Dans cette théorie, on n'applique pas nécessairement la loi du premier domicile des époux, mais celle du lieu où ils avaient l'intention de s'établir au moment du mariage et où ils se sont réellement établis depuis, et l'on va jusqu'à rappeler un texte du droit Romain, bien étonné de se produire en cette affaire : « *Nec enim id genus contractûs est ut et eum locum spectari oporteat in quo instrumentum dotis factum sit, quam eum in cujus domicilium et ipsa mulier*

1. Waechter (*archiv. für die civ. Prax*, t. 25, p. 47, § 21).

2. Savigny, (*t. VIII*, § I, *379*), « Il est dangereux, dit-il, d'employer le mot contrat, contrat suppose conscience distincte. Il y a soumission volontaire s'exprimant négativement par l'absence de contradiction. »

per conditionem matrimonii erat reditura. » (D. I, *de jud.* 1, 65).

Ainsi, en Allemagne, le régime légal des biens des époux se détermine par la loi du domicile matrimonial ; mais il y a deux manières de motiver cette doctrine, ou bien l'on admet que le régime vaut et procède directement, par la vertu impérative de la loi, ou bien l'on se fonde sur une présomption d'intention des parties qui ont dû se soumettre volontairement à l'application du régime légal du domicile ; dans ce dernier cas, s'il arrive que la loi personnelle s'applique, ce n'est pas en tant que loi personnelle, mais comme présumée voulue.

Cette seconde manière de voir rapproche beaucoup ses partisans de la doctrine assez généralement admise en France, en Belgique et à laquelle nous arrivons.

§ III. Système de la convention tacite *(France, Belgique)*.

En France la détermination du régime légal ne souffre aucune difficulté dans trois cas que je m'empresse d'éliminer :

Les époux qui se marient sans contrat, sont français et se marient en France.

Le mari seul est Français et le mariage est également célébré en France.

Les époux sont étrangers, mais le mari au moins est autorisé à établir son domicile en France.

Dans toutes ces hypothèses, les époux sont mariés sous la communauté légale française. Cela est évident au premier cas ; la présomption de l'article 1393 s'impose aux nationaux qui contractent mariage dans leurs pays. En vain prétendraient-ils qu'ils ont eu en se mariant une volonté contraire ; toute volonté d'accepter un régime autre que la communauté légale doit être authentiquement exprimée, vous n'avez rien dit dans la forme requise, c'est comme si vous n'aviez rien voulu ou plutôt la loi dresse contre vous l'irréfragable présomption d'une volonté supposée contre laquelle votre volonté vraie ne peut pas s'inscrire. L'article 1393 s'applique également au deuxième cas ; celui où un mari français épouse en France une étrangère ; par le fait du mariage, la femme devient Française, le régime légal qui prend date du mariage s'établit donc entre deux époux français ; cette hypothèse est réductible à la première ; enfin dans le troisième cas : mariage d'étranger en France, le mari étant autorisé à y établir son domicile, l'application de l'article 1393 ne souffre pas de difficulté; car si l'étranger domicilié en France en vertu de l'article 13 bénéficie des droits civils français, il en subit toutes les conséquences. Les présomptions et prescriptions posées au code le touchent au même titre que les nationaux ; au point de vue de la jouissance du droit civil, c'est un Français. Il sera marié sous notre communauté légale.

La difficulté de droit international ne se pose donc qu'en deux hypothèses.

Un Français (ou un étranger autorisé à établir son domicile en France) épouse à l'étranger soit une Française soit une étrangère.

Un étranger, non domicilié en vertu de l'article 13, épouse en France soit une Française soit une étrangère.

Dans ces deux cas, l'article 1393 doit-il encore s'appliquer ?

C'est ici qu'il est nécessaire de prendre parti sur les systèmes déjà développés et de se prononcer pour un principe décisif.

Les doctrines exposées relèvent en somme de deux ordres d'idées très distincts, leurs partisans se partagent en deux classes : les uns discutent en se plaçant sur le terrain des statuts, soit réel soit personnel ; les autres s'appuient sur l'intention des époux, mais ils s'arrêtent pour ainsi dire en chemin par l'admission d'une présomption qui en bien des cas, ira contre la volonté vraie des parties, renversant le principe même du système.

Si l'article 1393 se rattachait à la théorie des

statuts la question pourrait se résoudre très facilement. L'on dirait : ou cet article est de statut personnel et alors il s'applique aux Français mariés hors de France, tandis qu'à l'inverse les étrangers, mariés en France, demeurent sous l'empire des dispositions correspondantes de leur loi personnelle. Ou il se rattache au statut réel, alors il s'applique même à l'étranger sur notre territoire, mais il ne passe pas la frontière, fût-ce pour régir le Français. Il n'est pas besoin d'une longue étude pour reconnaître que la détermination du régime légal, c'est-à-dire ici l'article 1393, ne rentre ni dans l'un ni dans l'autre terme de cette distinction classique ; qu'en un mot pour résoudre la question en droit international, l'on doit s'attacher à des motifs extérieurs à la doctrine des statutaires.

Qu'est-ce, en effet, qu'un statut, au sens spécial du mot ? Essentiellement une loi qui s'impose.

Personnel, il nous marque comme d'une empreinte de race ; placé au-dessus et en dehors de l'espace ou du territoire, il n'a pas d'autres limites que la nationalité française, répandue dans le monde entier ; il s'empare de nous avec tant d'énergie qu'il fait comme partie intégrante de notre personnalité et que nous l'emportons avec nous, comme notre corps et notre conscience. C'est en ce sens qu'on peut dire que la patrie est en tous lieux : *omne solum pa-*

tria est. Mais cette loi, essentiellement protectrice, dans son but, de l'individu et de la race, est en même temps impérative et comme incongédiable. Nous n'en jouissons pas seulement, nous la subissons ; elle ne s'offre pas à nous comme un avantage que l'on pourrait dédaigner, elle s'impose et reste inaccessible aux altérations de la volonté particulière (*article 6 du Code civil*). Toute loi que les parties peuvent écarter n'est pas de statut personnel,

Réel, le statut ne distingue plus dans l'État les étrangers des nationaux ; à l'inverse du statut personnel, il ne franchit pas les frontières, mais il s'applique sur chaque parcelle du territoire qu'il étreint tout entier ; en ce sens, tout habitant du sol français, même étranger, participe à la patrie française ; mais personne n'y peut échapper ni modifier d'une manière quelconque les dispositions d'une loi qui s'impose absolument à tous, comme d'ordre public.

A peine est-il utile d'indiquer que le statut matrimonial n'a pas ce caractère obligatoire qui nous permertrait de le ranger dans l'une ou dans l'autre catégorie. Les époux peuvent faire des conventions relatives au régime de leurs biens ; le législateur qui a pris soin de poser (art. 1134) le principe de libre volonté, en matière de conventions, en général, ne s'est pas contenté d'une formule si large, dont on eût pu contester ici l'application ; il a renouvelé et comme spécialisé le principe, en ce qui touche le régime matrimonial (art. 1387).

D'où il suit que le régime des biens des époux ne rentre ni dans les lois d'état et de capacité, ni, en ce qui concerne les immeubles, dans les lois dites réelles ; puisque les unes et les autres échappent au pouvoir d'exclusion des parties et s'appliquent nécessairement.

Aussi, au point de vue de la solution de notre question en droit français, la discussion plus générale, sur le point de savoir si notre Code civil a consacré dans son article 3 l'ancienne théorie des statuts me semble d'un très faible intérêt. Peu nous importe qu'il l'ait reçue ou non, notre question échappe aux statuts et glisse en quelque sorte entre les deux termes de la distinction et déjà, dans les derniers temps de l'ancien droit, elle ne s'y rattachait plus que par la forme.

Si les Anglo-Américains considèrent encore le régime légal comme de statut réel, cela s'explique, comme nous l'avons vu, par l'esprit général d'une législation restée féodale à beaucoup d'égards ; et peut-être aussi (du moins aux États-Unis), par un sérieux motif d'ordre pratique (1). Mais combien il

1. V. p. h. l'exposé du système, § 1.

est difficile d'approuver rationnellement cette solution ! Ainsi le régime légal, en Angleterre et dans les différents États de la Confédération n'est pas obligatoire ; les parties peuvent l'écarter expressément, même en ce qui concerne leurs immeubles, et se créer par exemple, en vertu de stipulations expresses, un régime analogue à la communauté légale française. A ce point de vue, le régime légal n'est donc pas considéré comme d'ordre public. Comment admettre que sa nature puisse se transformer suivant les circonstances, qu'il soit tantôt impératif, tantôt facultatif ; réel en droit international alors qu'il ne l'est point en droit interne? Il y a là contradiction, tout au moins manque d'harmonie dans l'application d'un principe, de sa nature absolu, et qui ne comporte pas cette relativité de solutions.

Mais si nous passons sur ce reproche, il reste que l'idée juridique de la réalité, dans la matière du régime légal, a été poussée hors de ses limites rationnelles, par les Anglo-Américains. Parmi les derniers réalistes, le plus grand les a réfutés d'avance (1) : leur propre doctrine bien conçue les condamne. Le principe de réalité se justifie, en tant qu'il s'applique à la nature et à l'organisation de la propriété, aux modes de l'acquérir et de la trans-

1. V. l'Exposé de la doctrine de Jean Voët, Ch. I, Sect. I.

mettre; le régime matrimonial touche-t-il à ce grand fondement de l'ordre public territorial ? Si on l'admet, il faut aller logiquement jusqu'à dire que la capacité, le droit des obligations sont régis par la loi du lieu de la situation des biens immobiliers, toutes les fois qu'ils tendent à ces immeubles (2); en un mot revenir à l'idée de la réalité universelle.

Les Anglo-Américains remontent donc le cours des siècles pour se saisir d'un vieux principe féodal, fragile en raison; j'ajoute : tout à fait contraire à l'esprit du législateur moderne et désastreux dans ses conséquences.

Contraire à l'esprit du législateur : par cela même qu'il n'est pas conforme à l'intérêt des parties. Car, sans que je veuille encore discuter la question du caractère conventionnel du régime légal, il est visible que la loi — qu'elle trace ou non une règle d'interprétation de la volonté privée — organise le régime légal de la manière la plus conforme au désir possible, à l'intérêt des futurs époux. Or s'imagine-t-on que ceux-ci puissent désirer vivre sous des régimes matrimoniaux tout différents, suivant les divers lieux où ils se trouvent mariés : sous l'exclusion de communauté pour leurs biens situés en Prusse,

2. V. Bar *(Intern. Privatrecht*, § 94, p. 332).

communs pour la propriété foncière acquise en France après le mariage, soumis au régime dotal quant à leurs immeubles situés en Italie?

Par l'application d'une pareille doctrine c'en est fait d'un principe très important, consacré cependant par les auteurs anglais et américains : celui de l'immutabilité du régime. Un Français, marié sous la communauté légale, pourra, en Angleterre et dans les parties des États-Unis où la propriété est accessible aux étrangers, placer en immeubles l'épargne réalisée sur le patrimoine commun ; il créera ainsi à son profit une sorte d'exclusion de communauté; car si ces économies qui étaient mobilières, fussent restées telles, la femme y eût eu part. Mais, grâce à la combinaison du mari, quand la femme, au jour de la liquidation, viendra au partage de la communauté elle n'aura ni reprise ni prélèvement à prétendre.

Quant aux créanciers des époux, l'étendue de leurs garanties variera au gré de la multiplicité des régimes.

Deux décisions de jurisprudence française nous montrent la religion de nos magistrats égarée sur les traces du système anglo-américain. Il convient de les signaler, à titres d'exceptions curieuses, perdues au milieu d'innombrables jugements et arrêts qui affirment des principes tout contraires.

La plus récente, de 1881 (1), fera l'objet d'une étude ultérieure (2). L'autre est un arrêt rendu par la Cour de Metz le 9 juin 1852 (3), il décide que l'union contractée à Dublin par un Français et une Française qui ont voulu se soumettre à la communauté légale de leur pays d'origine, ne se trouve cependant pas gouvernée par ce régime, en ce qui concerne les immeubles situés en Irlande. Ces immeubles tombent sous le régime légal admis en Irlande : l'exclusion de communauté.

Il ne nous paraît pas non plus que l'on puisse déterminer le régime légal, d'après la loi nationale des époux. En l'absence de texte qui nous y autorise, comme l'article 6 du Code civil italien, les principes sont impuissants à faire sortir cette solution. La loi qui organise le régime matrimonial n'est pas d'état ni de capacité puisqu'elle peut être exclue par les parties. Elle ne se lie pas d'une manière indissoluble à l'organisation du mariage ni à l'union des personnes, puisqu'elle est facultative, l'autre obligatoire. Et dès lors, c'est, comme on l'a très bien dit, se conduire sur une conception plus philosophique que juridique (4), c'est serrer trop for-

1. Sir. 1883, I, p. 65 et ss.
2. V. Partie II, Chap. I, Sect. II.
3. D. P. 1852, II, 189.
4. Teichman *(üb. Wand od ünw)*.

tement le lien qui rattache les biens aux personnes que d'aller jusqu'à dire en notre matière, avec Pacifici : « *i diritti patrimoniali hanno base nei personali et ne sono quasi accessori;* » cela peut être vrai au point de vue de la loi italienne qui avait le droit d'établir cette relation ; mais au regard du droit français, dans le silence des textes : règle arbitraire, conception de raison, que l'interprète n'a pas le droit de tourner en principe.

Dès lors, à quelle idée s'attacher pour déterminer le régime de droit commun applicable soit aux Français qui se marient à l'étranger sans contrat, soit aux étrangers mariés en France dans les mêmes conditions ? La majorité des auteurs francais et belges et la jurisprudence — au moins dans le fond de ces décisions (1) — répondent : à l'intention des parties. Le régime légal n'est pas un statut au sens traditionnel de ce mot, c'est une convention ; ce n'est pas un acte fait en vertu d'un commandement; il ne dépend ni d'une loi réelle ni d'une loi personnelle, mais de la volonté même des époux. (2)

Cette affirmation de principe est du plus haut in-

1. Souvent moins nettes dans les termes.

2. En faveur de cette idée Barilliet *(du conflit de la loi française avec les lois étrangères résultant de l'absence de stipulations relatives au régime des biens des époux, Genève,* 1861.*)* M. Laurent *(dr. int. t. V.* brillant exposé. M. Deglin, *(étude sur le contr. de mariage)* M. Lainé, *(dans son cours,* à la Faculté de Paris*)*.

térêt ; elle forme comme la séparation radicale entre une grande partie de la doctrine française, d'une part, et de l'autre, les système de la réalité et de la personnalité. Aussi tout l'effort des objections s'est-il porté contre elle : Très souvent, a-t-on dit, les époux qui se marient sans contrat n'ont pas eu d'intention ; si on leur demandait sous quel régime ils ont entendu se marier, la plupart ne pourraient pas répondre. Les uns étaient trop pauvres pour se donner le luxe d'un contrat ; et, préjugeant l'avenir par le présent, ils n'ont pas pensé qu'ils eussent à règler d'avance la condition de biens absents et d'intérêts pécuniaires sans objet. Les autres ont dit avec Montaigne (1). « Les lois y ont mieux pensé « que nous et vault mieux les laisser faillir en leur « eslection que de nous hasarder de faillir témérai- « rement en la nôtre ». Le petit nombre se compose de ceux qui se sont rendu compte de ce qu'ils faisaient (2). Que prouve le silence des époux ? Mais : « l'indifférence sur le régime, tout aussi bien qu'une « adhésion spéciale à ses règles. Ceux qui connais- « sent le régime matrimonial, qui savent par exem- « ple quelle organisation la loi lui a donné en nom- « bre de pays allemands, ne concluront pas du

1. Montaigne (*Essais* livre 2, Ch. 8).
2. Brocher, *Traité de dr. int. privé.*

« silence des époux, que ceux-ci étaient convaincus « de l'excellence du régime légal (1) ».

Il est d'ailleurs inexact, ajoute-t-on, que la loi française se prononce dans le sens de la convention tacite. Les époux mineurs, mariés sans contrat, sont placés sous la communauté légale. S'il y avait convention, ils pourraient demander la nullité du régime, car ils sont incapables de contracter seuls quant à leurs intérêts matrimoniaux pécuniaires. Si le régime de la communauté légale vaut et procède définitivement, c'est parce qu'il sort de la loi elle-même qui l'impose (2). Ainsi vous voyez qu'au moins dans un cas l'idée de régime conventionnel tacite n'est pas admissible. Enfin dans quelles incertitudes un pareil système va-t-il jeter les tiers ; à quel arbitraire va-t-il conduire le juge ! Vous tiendrez-vous à l'ancienne présomption du domicile matrimonial, alors la situation des personnes qui contractent avec les époux est bien difficile ; car si les époux ont eu plusieurs domiciles transitoires, s'ils sont éloignés et du temps et du lieu de leur premier établissement, comment les tiers pourront-ils connaître et apprécier ces faits qui remontent si haut et qui se sont placés si loin ? Irez-vous jus-

1. Mommsen, *(Arch. f. civ. Prax,* t. 61, p. 184*)*.
2. Mommsen, *Archiv.* t. 61 p. 184*)*. Brocher *(Traité de droit int)*.

qu'aux conséquences extrêmes de votre principe, admettrez-vous que l'interprète ne doit point établir de présomption là où la loi n'en pose point, alors vous êtes tenu de rechercher dans chaque hypothèse l'intention quelquefois si lointaine et si vague des parties, d'aller saisir la volonté jusque dans les profondeurs intimes où elle se réalise : tâche bien téméraire, examen de conscience où faillira souvent la perspicacité du juge le plus sagace.

Ces raisons sont fortes ; on y peut répondre fortement :

L'idée de convention tacite était admise dans le dernier état de l'ancien droit (1) ; Pothier l'avait consacrée ; tout porte à croire que le Code civil français s'est inspiré de la même idée. En tête des dispositions relatives au régime matrimonial il a pris soin de poser ce grand principe ; que « les parties « peuvent faire telles conventions qu'il leur plaira, « à la condition de respecter l'ordre public et les « bonnes mœurs ».

Le législateur s'est, en outre, efforcé dans l'organisation du régime légal d'interpréter la volonté probable des parties, de régler au mieux leurs intérêts ; et, s'il a consacré le régime de la communauté de biens, c'est qu'elle lui semblait impliquée

1. Voir l'Exposé historiq. Ch. I, Sect I.

dans la communauté de vie ; conséquemment, visée par l'intention générale, par la volonté d'ensemble des deux époux. Et ainsi les règles mêmes du régime légal, le pouvoir que les parties ont de l'écarter : double preuve que la loi interprète la volonté des époux, complète son expression insuffisante et qu'en matière de régime matrimonial, il n'y a pas de loi au sens précis de ce mot, mais seulement des règles d'interprétation.

Sans doute, les époux qui se marient sans contrat n'auront pas toujours une idée très nette du régime légal auquel ils entendent se soumettre.

Mais sans insister sur cette question de fait, il n'est pas nécessaire pour que nous puissions invoquer l'idée de convention tacite, de supposer que les époux ont voulu, avec une précision de jurisconsultes, se marier sous tel ou tel régime. Par cela même qu'ils se sont mariés, ils ont implicitement entendu adopter une loi pour le règlement des rapports d'intérêts que le mariage entraînera nécessairement entre eux ; il y a là une expression de volonté insuffisante que la loi complète en l'interprétant. Waechter l'a démontré avec beaucoup de finesse : « Celui qui fait une vente ou un échange et qui se contente, suivant l'usage le plus général, de mentionner le prix et l'objet traite dans la pensée que la loi complétera le contrat pour ce qui n'a pas été déterminé ; les dispositions légales qui rempliront cet office équivaudront à une volonté expresse. Cela est conforme à l'intention de la loi qui veut et qui doit épargner au contractant la peine de stipulations expresses innombrables ». Il pourra se faire que les époux soient peu versés sur la loi qui leur est appliquée et qu'au moment du mariage, ils n'en connaissent pas très exactement le contenu ; mais cela arrive en nombre de cas pour tous les contrats. « Donnerait-on à un acheteur le droit de prétendre « qu'il n'a pas connu telle ou telle prescription lé- « gale posée dans la matière du contrat de vente « (1). » Il n'en est pas moins tenu conventionnellement.

L'objection que l'on tire de l'application de la communauté légale aux mineurs mariés sans contrat ne nous touche pas beaucoup ; ici encore le régime peut être considéré comme conventionnel tacite et néanmoins définitivement valable ; l'incapacité du mineur est effacée par l'assistance et par le consentement des personnes qui l'ont habilité au mariage. Il est devenu pleinement capable, avec leur assentiment exprès s'il est placé sous un régime dit conventionnel, tacite s'il n'a pas fait de conventions expresses.

1. Wächter *(Archiv. für die civilis. Prax.* t. 25, pp. 51, 52, 53, 54).

Quant aux difficultés pratiques, elles existent, nous le verrons tout-à-l'heure, mais pas insolubles ; surtout elles ne doivent point influer sur le parti à prendre en la matière ; toutes les fois que l'on se réfère à la volonté des parties, aux intentions, à la conscience il faut bien se résigner à voir surgir une question de fait souvent délicate à résoudre et plus sujette à contestation que la règle uniforme, qui serait imposée à tous par une législation tranchante. Mais cet inconvénient n'est pas sans compensation, et d'ailleurs, en l'absence de ce texte impératif qui supposerait le fait et présumerait l'intention, c'est au fait même, c'est à l'intention que le juge doit s'en tenir et il n'est pas autorisé à dire comme M. Brocher et d'autres auteurs : l'application de la loi personnelle à tous les cas est plus commode, elle supprime mille difficultés pratiques ; posons-la en règle. Ce droit n'appartient qu'au législateur.

Nous admettrons donc que, dans l'état actuel, de notre droit, le juge aura à rechercher uniquement l'intention des parties. Sur ce point, la majorité des auteurs dépassant, au moins dans les termes, les droits de l'interprète, établit des présomptions, un *criterium* et s'arrête au domicile matrimonial (1), comme témoignant la volonté tacite des époux :

1. C'est la présomption renouvelée de l'ancien droit, et admise par une partie de l'Ecole Allemande.

« C'est, disent MM. Aubry et Rau, le lieu où les futurs conjoints se proposent de fixer le siège de « leur association qu'il convient avant tout de pren- « dre en considération pour déterminer la commune « intention des parties quant au régime auquel el- « les entendent se soumettre et ce n'est qu'en l'ab- « sence de circonstances de nature à indiquer le « contraire qu'elles doivent être présumées avoir « voulu établir leur domicile matrimonial au lieu « du domicile du mari. (1) » D'autres posent ce principe : qu'on doit appliquer aux époux leur loi nationale et par exception la loi du domicile matrimonial quand cette volonté peut s'induire des circonstances (2). Cette exception : la volonté des parties, c'est précisément la seule règle en notre matière. L'interprète n'a pas à établir de présomptions là où la loi n'en crée aucune ni à imposer un critérium là où se soulève une simple question de fait et d'appréciation du juge. La règle absolue consiste ici à dire et à répéter qu'il n'y en a pas. Le domicile, la nationalité seront souvent des raisons de décider très puissantes ; mais néanmoins prises entre bien d'autres ; on ne doit pas les considérer comme des principes, mais seulement comme des éléments

1. Aubry et Rau : § 504 bis, t. V. note 4.

2. Weiss *(dr. int.* t. 2. *Conflit des lois : action du mariage quant aux biens,* p. 692).

constitutifs de la question de fait ; le juge en peut tirer des inductions, comme il peut s'éclairer aussi des déclarations antérieures des parties, de leurs actes, de la manière dont elles auront administré leur patrimoine. Au fond, la jurisprudence est favorable à cette doctrine ; de là même des décisions, en apparence contradictoires, les unes appliquant la loi nationale des époux (1), les autres la loi du domicile matrimonial ; toutes s'attachant, en réalité, à consacrer le régime voulu par les parties ; le juge fait prévaloir, tantôt la loi nationale, tantôt celle du lieu où les époux ont établi le siège de leurs intérêts, suivant que leur intention lui semble s'être portée sur l'une ou sur l'autre.

Mais il faut avouer qu'au moins dans les termes la jurisprudence a paru bien souvent ériger une présomption pour résoudre *à priori* les difficultés de fait qui se présentaient devant ses tribunaux ; notamment lorsqu'elle s'est servie du terme traditionnel de domicile matrimonial. Cela l'entraîne à se demander quelles sont les conditions nécessaires pour acquérir un vrai domicile, si le domicile de fait suffit ou ne suffit pas, si l'intention des époux d'établir quelque part le siège de leurs affaires doit être sui-

1. Notamment Marseille, 16 mars 1875, *Journ. du dr. int. privé*, 1876, p. 182). — Cass. 18 août 1674. (*Dalloz*, 1873, 1. 258). — Alger, 1er mai 1867 (*Sirey*, 1868, 2, 49).

vie d'une translation prochaine de domicile effectif, si l'on peut considérer le domicile matrimonial comme susceptible de s'acquérir sans la réunion du fait à l'intention, *sine facto et animo* (1), toutes choses qui ne sont pas de la question et qui, en tous cas, ne peuvent être envisagées que comme circonstances de fait propres à éclairer le juge sur la volonté des époux. Il faut bien reconnaître là les traces visibles de notre ancien droit; comme il arrive toujours, la tradition ne se retire que comme à regret et laisse sa marque sur les termes. Mais si l'on traverse les apparences, si on passe sur ces confusions de langage, on verra se dégager l'idée très nette de la convention tacite. Les considérants peuvent être inexacts, détruire les solutions, se détruire eux-mêmes; le juge, en réalité, ne se considère lié par aucune présomption et se réserve l'appréciation souveraine du fait. Indiquons quelques décisions des plus récentes.

Voici un arrêt de la cour d'Aix, du 12 mars 1878 : (2) « Les époux dont l'un est Français, l'autre « étranger sont, en l'absence de contrat, régis « par la loi du domicile matrimonial. » A en ju-

1. V. Dalloz (au mot *Conventions matrimoniales*, n° 205); il exprime fidèlement l'état de la jurisprudence d'il y a quelques années. Il en a toutes les hésitations de langage.

2. *Clunet Journ.* 1878, p. 610. Affre Ghisla.

ger par un pareil début, nous nous croirions en présence d'une règle générale, d'une présomption qui s'impose. Mais le juge continue ainsi : « Sur ce « point l'intention est à considérer avant la natio« nalité, sans qu'il soit nécessaire que l'établisse« ment du domicile ait été accompagné d'une auto« risation du gouvernement. » Et ramené à l'examen de la pure volonté des époux, il s'efforce d'établir, par des faits, que les époux se sont référés à la loi française. Plus les décisions judiciaires se multiplient, plus elles s'épurent dans les termes de leurs motifs ; les arrêts le mieux rédigés sont aussi les plus récents. La cour d'appel d'Aix, dans un arrêt du 22 février 1883 établit, avec une correction parfaite, le principe admis en jurisprudence : « Quand « un Français se marie à l'étranger, soit avec une « Française soit avec une étrangère, les tribunaux « ont la faculté de consulter les circonstances et de « déterminer, d'après cette intention, quel est le ré« gime auquel il a soumis les intérêts civils de son « mariage. »

Et sur l'autre face de la question, sur le régime légal adopté par des étrangers mariés en France sans contrat, un arrêt tout récent de la Cour de cassation (15 juillet 1885) se prononce avec la même netteté : « Attendu que le jugement attaqué a reconnu « et décidé que les deux époux Hutchinson (de natio-

« nalité étrangère) domiciliés et manufacturiers en « France depuis 1858 devaient, à *raison d'un ensemble* « *de circonstances révélant leur volonté commune* et no- « tamment à raison de ce qu'ils demeuraient en « France avant leur mariage et de ce qu'ils s'y « étaient mariés, être présumés avoir suivi le ré- « gime de la communauté légale tel qu'il est réglé « par le Code civil... » (1)

Le même principe avait déjà été consacré, il y a quelques années par le tribunal de Nivelle (2) « à « défaut de conventions nuptiales expresses entre « étrangers se mariant en France, le régime se dé- « termine par la loi à laquelle les époux ont l'inten- « tion de se conformer, et cette intention peut se « révéler par un ensemble de circonstances au nom- « bre desquelles il faut placer en première ligne « le domicile matrimonial ».

Il serait inutile de multiplier les espèces et les citations. Nombre d'arrêts de la Cour de cassation et des Cours d'appel se rattachent au système de l'intention des parties dont on recherche généralement la preuve dans l'établissement d'un domicile (3)

1 A cet arrêt contenu au *Journ. de dr. int. privé*, 1886, n° I, II, joindre celui de la cour de Paris, Affaire Breul du 15 décembre 1853 : D. P. 1855, II, 192.

2. Jugement du 9 février 1879. Revue de Gand, t. XIII, 1881, p. 65.

3. Le principe du domicile matrimonial, comme présomption s'imposant au juge a été, avec raison, admis dans le cas où il s'agissait

mais sans le considérer comme la base d'une présomption qui s'impose. Parmi les innombrables questions de fait qui se soulèvent devant le juge, on peut rapidement indiquer les principales : le fait du mariage d'étrangers en France ne sera pas d'ordinaire jugé suffisant pour emporter l'application du régime légal français (1). Le fait que les étrangers qui se marient en France sans contrat célèbrent leur union à l'ambassade de leur pays pourra indiquer leur intention tacite d'adopter le régime de leur loi nationale (2). Une simple résidence de fait dépourvue de tout caractère juridique a souvent paru suffisante au juge pour impliquer soumission des époux au régime du lieu (3). Enfin il s'est présenté devant la Cour suprême un cas très curieux où l'on ne pouvait tenir

de mariages contractés sous l'empire des anciennes coutumes. Comme on doit alors se conformer à l'ancien droit, les tribunaux n'ont plus qu'à rechercher le lieu où le mari avait son domicile lors du mariage. Mais ils devront encore tenir compte de la volonté des parties pour déterminer quel est le domicile matrimonial. Voir des arrêts en ce sens. (*Pasicrisie*, 1817 p. 371 ; 1818, p. 94 ; 1849, p. 445 ; voir aussi Laurent dr. int. t. V. § 205.

1. Voir la question bien discutée Journ. de dr. int. privé, 1882, pp. 293 et ss., l'assertion de M. Kelly dans son ouvrage *the french law of marriage* n'est donc pas exacte. Il s'exprime ainsi : « Quand des personnes (étrangères) se marient en France sans contrat, elles sont présumées avoir adopté la communauté française. »

2. Affaire Evans, Cass, rej. reg. 18 août 1878 ; D. P. 1874. I, 258.

3. Paris, 15 décembre 1853, D. P. 1855, II, p. 192. V. aussi Paris, 3 août 1849. Sir. 1849, II, p. 420, le dernier arrêt est très finement analysé par Laurent dr. int. T V. § 205.

aucun compte du domicile matrimonial. Il est vrai qu'il ne s'agit pas d'une question de droit international proprement dit : deux Juifs algériens s'étaient mariés sans contrat. Lors de la conquête de l'Algérie, on a laissé aux indigènes, Juifs et Musulmans, la jouissance de leur droit antérieur, mais avec la faculté d'y renoncer par convention pour adopter la loi française. Si ces deux Juifs s'étaient mariés devant leur rabbin, ils eussent été soumis, sans aucun doute, au régime de la loi mosaïque, mais leur union avait été célébrée à la mairie, ce fait (1) parut impliquer renonciation à la loi primitive et soumission à la communauté légale française ; et ainsi le juge décida qu'il y avait lieu d'écarter la présomption de l'article 37 de l'ordonnance du 26 septembre 1842 d'après lequel les indigènes sont présumés avoir « contracté entre eux suivant les lois « du pays, à moins qu'il y ait convention con« traire ».

C'est la consécration éclatante du principe de la convention tacite (2).

1. Joint à d'autres : les époux avaient déclaré dans divers actes authentiques qu'ils étaient communs dans des immeubles acquis au cours du mariage ; la femme s'était fait autoriser par son mari à subroger les tiers créanciers dans ses droits et reprises et dans son hypothèque légale.

2. Trib. de Blidah. Cours d'Alger et de Cassat. (*Dalloz, Périod.* 1876, I, p. 257. — Sir. 1876, I, 308).

Dans certaines circonstances, il faut bien le reconnaître, la découverte de l'intention des époux sera très difficile au juge; à ce point de vue les inconvénients pratiques signalés plus haut ne sont pas contestables. Mais les conjoints, un peu prévoyants peuvent dissiper à l'avance et sans faire les frais d'un contrat de mariage toutes les incertitudes qui planent sur leurs rapports pécuniaires et sur la détermination de leur régime. Si, par exemple, nous supposons que deux Américains se marient en France sans contrat; ils ont à craindre que plus tard, le juge appréciant mal les faits les déclare mariés sous la communauté légale française, alors que, par hypothèse, ils ont voulu se placer sous la séparation de biens consacrée par leur état d'origine; qu'ils suivent alors le conseil qui leur est donné dans un ouvrage récent par un de leur compatriotes M. Kelly (1) « comme les tribunaux français diffèrent non pas sur la question de savoir « s'il faut rechercher l'intention des parties, « mais comment il faut la déterminer, ils n'auront qu'à exprimer clairement leur intention à « cet égard pour obvier à toute difficulté ». S'ils se

1. Kelly, licencié en droit de la Faculté de droit de Paris. (*The french law of marriage and conflict of laws arising therefrom 1885*), deux chapitres sont consacrés à notre matière, Chap. V : *property as affected by marriage*. Chap. VI : *The effect of change of domicile upon property relations*.

marient à la légation des Etats-Unis ils prient le représentant qui les unit, d'insérer ou de faire insérer leur intention d'adopter le régime légal américain. Dans une affaire récente, des époux anglais se mariant en France sans contrat avaient fait une déclaration analogue à l'ambassade d'Angleterre, où était célébrée leur union : on a décidé qu'ils étaient mariés sous le régime auquel ils avaient déclaré se soumettre.

Ce remède n'est malheureusement pas d'un usage très général. La plupart des époux qui se marient sans contrat n'auront pas la prévoyance nécessaire pour faire cette déclaration de leur plein gré. Aussi doit-on souhaiter que des dispositions légales précises interviennent pour donner aux tiers qui traitent avec les époux, la sécurité nécessaire (1). On pourrait, par exemple, exiger que les étrangers qui se marient en France déclarassent au moment de la célébration du mariage, la loi à laquelle ils ont entendu se soumettre ; sur ce point, l'officier de l'état civil appellerait spécialement leur attention ; à défaut de cette déclaration il seraient réputés mariés sous le régime de droit commun : la communauté française. Dans le cas où le mariage aurait été célébré devant le représentant de leur Etat, une mention

1. Voir en ce sens : Mommsen (*Archiv für die civ. Praxis*, T. 61, p. 183). Laurent, T. 5, § 203. Bar, Rechtsencyklopœdie, p. 703.

insérée dans le registre tenu par ce représentant, serait considérée comme suffisante (1). Quant aux Français qui se marient à l'étranger, comme ils doivent faire des publications en France, la loi les obligerait à déclarer en même temps quel régime légal ils entendent adopter ; faute de faire cette déclaration, ils seraient réputés mariés sous la communauté légale française.

On trouve au code prussien (II, tit. I, § 353) une disposition fondée sur ces motifs.

Cette législation aurait en outre l'avantage de trancher une question que les meilleurs jurisconsultes trouvent insoluble dans l'état actuel du droit : celle de savoir sous quel régime seront placés deux époux, quand les circonstances de fait indiqueront qu'il y avait dissidence des intentions tacites, lors du mariage, ou encore lorsqu'il sera impossible de découvrir leur volonté, parce que les faits manquent ou sont insuffisants : ainsi les époux n'ont eu pendant longtemps aucun domicile fixe, ils n'ont rien dit, rien fait qui puisse manifester une intention.

1. Ici encore il subsiste une difficulté ; bien évidemment, le représentant étranger ne pourra pas être tenu d'interpeller ses nationaux sur leur volonté, ni même d'insérer, de par la prescription des lois françaises, leur déclaration d'intention ; il y a là une inégalité forcée. Mais les étrangers seraient mal venus à s'en plaindre, puisqu'ils ont toujours la faculté de se marier devant l'officier de l'état civil français.

Dans ce cas, comme dans la matière des conventions en général, il est impossible à l'interprète de partir de l'idée d'un consentement tacite qui serait une pure fiction, ni de suppléer par la déduction rationnelle au silence absolu du législateur ; le principe de la loi du lieu où les parties se trouvaient, admis par la plupart des jurisprudences, est une véritable loi de juge, que la nécessité justifie, mais qui fait souhaiter un texte.

CHAPITRE II

ÉTABLISSEMENT DU RÉGIME PAR CONVENTION EXPRESSE.

SECTION I. — *Capacité requise pour passer un contrat de mariage, au point de vue du droit international.*

Deux Français passent leurs conventions matrimoniales en pays étranger ; deux étrangers font les leurs en France ; ou deux époux de nationalités différentes contractent, en quelque pays que ce soit : d'après quelle règle générale déterminerons-nous, dans ces trois cas, les conditions de capacité exigées pour la validité du contrat.

Sous cette forme simple, la question se résout par ce principe universellement admis ; les lois sur l'état et la capacité suivent le Français en pays étranger, et l'étranger en France. C'est la loi personnelle de chaque époux qui déterminera sa capacité à consentir les clauses et stipulations relatives au régime matrimonial. Il pourra donc se faire qu'à l'occasion d'un même contrat de mariage, les lois de deux pays soient à observer simultanément ; je veux parler du cas où les futurs appartiennent à deux nationalités distinctes ; comme le mariage n'a pas encore donné à la femme la nationalité de son mari, elle demeure sous l'empire de sa loi personnelle.

Le grand intérêt de la solution apparaît surtout à l'égard des époux mineurs. Presque partout les lois ont créé pour le mariage une majorité spéciale ; presque partout, l'union des personnes attire sous la faveur dont elle jouit elle-même les conventions relatives aux biens.

En France, la loi permettant le mariage aux mineurs de dix-huit et de seize ans, crée aussi en leur faveur une exceptionnelle capacité, pour le contrat de mariage ; ils peuvent le passer eux-mêmes avant d'avoir atteint la majorité de droit commun de vingt-un ans, pourvu seulement qu'ils soient assistés des personnes dont le consentement est nécessaire pour la validité du mariage. Disposition analogue en Italie (art. 1330, C. civil italien), on y distingue avec autant de soin qu'en France la capacité nécessaire pour se marier et la capacité de consentir les conventions pécuniaires (1) ; de même en Pologne où le Code civil français est resté en

1. Ainsi la cour de Turin a validé un mariage, comme ayant été contracté avec une intelligence suffisante, alors qu'elle annulait le contrat fait à l'occasion de ce mariage. (Deglin, *Etude sur le cont. de mar.* p. 28).

vigueur sur ce point (1), dans les pays allemands de droit français (2), enfin en Hollande (3).

Mais certaines législations moins libérales ne donnent pas aux futurs époux, notamment à la femme, une capacité aussi large. Ainsi en Prusse, la femme même majeure doit être assistée de son père ou d'un conseil, dans le cas où le contrat stipulerait l'adoption du régime de communauté (L. R., II, 1, 357 et 358). D'une manière générale, dans certains cantons suisses, la femme doit être assistée au contrat de mariage par un tuteur ou par deux témoins pris parmi ses proches parents (4). En Autriche, si elle est mineure de moins de vingt-quatre ans elle ne figure pas au contrat de mariage et elle y est remplacée par son père ou par son tuteur pourvus de l'autorisation du tribunal (art. 1219, Code civil autrichien).

L'on peut, sur ces données de droit comparé construire les espèces les plus variées, c'est toujours la même solution, l'application de la loi personnelle qui doit prévaloir. Si, par exemple, une femme française de moins de vingt-un ans passe

1. Lehr, (*Eléments de droit civil russe*, § 33). — St-Joseph, *Concord.* III, p. 38.

2. Alsace Lorraine, Grand-duché de Bade, Prusse Rhénane.

3. Saint-Joseph, (*Concord.* T. II, p. 354 et ss.).

4. C'est un reste de la tutelle perpétuelle. Lardy, (*Les législ. civiles des cantons suisses,* carte n° 1.).

ses conventions matrimoniales en Autriche, elle figurera au contrat de mariage, et sera assistée par les personnes indiquées, article 1398. Si c'est une femme autrichienne mineure c'est-à-dire de moins de vingt-quatre ans qui se marie en France soit avec un Erançais soit avec un étranger, elle ne figurera pas, au contraire, dans l'acte, et le père ou le tuteur, autorisé passera l'acte en son nom, en vertu du mandat légal qu'il reçoit de la loi autrichienne. Si, en cette matière de la capacité, la femme française qui passe ses conventions matrimoniales en Autriche s'était conformée à la loi locale, si la femme autrichienne qui contracte en France avait suivi les indications de la loi française, leurs contrats seraient annulables, au regard de la doctrine et de la jurisprudence des deux pays.

Les règles applicables aux mineurs valent pour les interdits ou pour les personnes frappées d'incapacités partielles.

Section II. — *Formes du contrat de mariage au point de vue du droit international privé.*

En France, le contrat de mariage doit être rédigé par acte notarié (art. 1394). Par là on veut, non pas seulement prévenir l'antidate, car ce résultat pourrait être atteint par le moyen plus simple de l'enregistrement, mais encore et surtout donner à l'acte un caractère d'absolue certitude : mis aux mains du notaire qui en a la garde, il échappe au pouvoir de destruction des parties. Enfin la loi a voulu aussi assurer aux parties et à leurs familles les conseils d'un guide éclairé.

Nous retrouvons cette garantie de l'authenticité en Italie, en Espagne, du moins pour les immeubles (1), en Portugal (2), en Hollande, dans les pays allemands de droit français (3) c'est-à-dire en Alsace-Lorraine, dans le grand duché de Bade, dans une partie de la Prusse Rhénane; dans quelques cantons suisses, en Pologne ; mais elle n'existe pas dans quelques autres législations, par exemple aux Echelles du Levant, dans plusieurs cantons suisses comme ceux de Lucerne, des Grisons, de Zurich, de Saint-Gall, de Zug. Là même où l'on admet l'authenticité, les formalités requises et les officiers publics institués pour la conférer diffèrent suivant les pays.

Un Français fait son contrat de mariage à l'étranger, un étranger fait le sien en France, quelles formes ce contractant qui se marie hors de son pays doit-il observer dans la rédaction des conventions

1. Un acte sous seing privé suffit pour les meubles.
2. V. St-Joseph, III, (*Concord.* III, p. 141).
3. Et dans nombre d'autres législations allemandes, par exemple en Prusse. (L. R. II, 1).

matrimoniales ? Ici comme en matière de capacité la réponse se fait d'après un principe général : la forme des actes est réglée par les lois du lieu dans lequel ils sont faits ou passés ; d'où il suit que tous les faits de l'homme, conventionnels ou autres, et notamment les contrats de mariage tombent sous l'application de la règle *locus regit actum*.

Toutes les controverses qui, d'une manière générale, peuvent s'élever à l'occasion de la règle *locus* trouvent leur application spéciale dans la matière du contrat de mariage.

Deux d'entre elles nous intéressent particulièrement. Quelles sont les conditions de forme qui sont régies par la loi locale ? Notamment y doit-on faire entrer la condition d'authenticité du contrat de mariage ?

La règle *locus regit actum* est-elle obligatoire ou facultative : le contrat de mariage fait en pays étranger n'est-il valable que s'il est fait dans la forme prescrite par la loi de ce pays, ou bien le contractant peut-il suivre, s'il le préfère, sa propre loi ?

1re *Question*. — Quelles sont les conditions de formes régies par la loi locale ?

Il y a presque unanimité des auteurs pour admettre que les formes extrinsèques tombent seules sous l'application de la règle. Les formalités dites habitantes, c'est-à-dire celles qui rendent capables de faire certains actes des personnes qui en sont incapables par état, comme l'assistance requise en l'article 1398 pour les mineurs, enfin les formalités intrinsèques viscérales, c'est-à-dire celles qui sont de l'essence même de l'acte telles que le consentement des parties contractantes échappent évidemment à l'application de la règle.

Si nous essayons de déduire en notre matière les conséquences de cette doctrine générale, il n'y aura point de doute qu'on doive appliquer la loi locale en deux cas : premièrement,lorsqu'il s'agira de déterminer quels sont les officiers publics qui confèrent l'authenticité au contrat de mariage ; en second lieu, d'indiquer les formalités à suivre pour donner cette authenticité. Si, par exemple, deux Français se marient en Bavière, les parties rédigeront l'acte en présence d'un certain nombre de témoins qui signeront; puis il y aura lieu à l'homologation judiciaire; le contrat de mariage sera valable au même titre que s'il avait été passé devant notaire dans les formes françaises. Il est facile d'imaginer l'application inverse.

Mais dans ces deux cas, il s'agissait seulement en quelque sorte de la forme de l'authenticité ; faut-il aller plus loin et admettre que la condition même d'authenticité relève des formes extrinsèques soumises à la règle *locus regit actum* : qu'en d'autres termes — et pour spécialiser la question — un Français peut rédiger ses conventions matrimoniales par acte sous seing privé dans un pays où la forme authentique du contrat de mariage n'est pas exigée?

On a dit (1) : rien ne peut dispenser le Français qui fait un contrat de mariage à l'étranger d'employer la forme solennelle. Il ne s'agit pas, en effet d'une formalité purement extérieure; mais d'une forme intrinsèque du contrat; d'une condition de fond, qui est de la substance même de l'acte et aussi essentielle à sa validité que la capacité du contractant. La preuve en est dans l'article 1339 : l'existence même de l'acte solennel dépend de l'accomplissement de cette condition et « la considération d'aucune circonstance, même de force majeure, l'autorité d'aucun arrêt ne peuvent faire que ces actes réunissent leurs caractères constitutifs, lorsqu'en définitive ces caractères sont absents. » Il n'y a pas de consentement si ce consentement n'est exprimé dans la forme authentique.

Cette thèse exposée avec beaucoup de talent par M. Laurent a été reprise après lui par l'auteur anonyme d'un article inséré au *Journal de droit international privé* (2).

1. Laurent, *Traité de dr. int.* T. II, nos 241 à 245.
2. *Journ. dr. int.* 1880. Questions et solutions pratiques. p. 386, voir en faveur de cette opinion Duranton. *Dr. civil*, T. I, p. 56.

Mais on y a très bien répondu en invoquant le motif même de la règle « *locus* », une irrécusable tradition, les textes du Code civil.

Le fondement du principe *locus regit actum* n'est point, comme les anciens auteurs le soutenaient, l'idée générale d'après laquelle toute personne habitant le territoire deviendrait sujet temporaire de la loi qui y règne. On l'appuie aujourd'hui sur la nécessité des choses : Les formalités requises pour la confection des différents actes ne peuvent s'accomplir qu'au moyen de certaines institutions établies à cet effet ; là où manquent ces institutions, l'étranger serait dans l'impossibilité de faire les actes juridiques, selon les formes exigées par sa loi personnelle. Pour qu'il ne soit point frappé d'une vraie déchéance quand il passe la frontière de son pays, il faut, à toute force, lui accorder le droit de conclure des conventions selon les prescriptions de sa loi locale. Ce motif trouve son application spéciale au contrat de mariage ; un Français qui se marie dans un pays où la fonction notariale n'existe pas serait, selon le système contraire, dans l'impossibilité de passer ses conventions matrimoniales.

L'ancien droit qui nous a légué cette règle l'appliquait à toutes les formes extrinsèques, notamment à la solennité ; il n'y a pas à contester ce point.

Sans doute le Code civil français n'a pas consacré expressément le principe; mais lors de la discussion sur le titre préliminaire on en a donné le motif; c'était la crainte qu'une formule si générale ne parût comprendre, outre les formes extrinsèques, certaines conditions habilitantes (1); mais on n'a pas prétendu rompre avec la tradition ni même la limiter,

Au contraire les textes positifs du Code civil condamnent la distinction faite par M. Laurent (2) entre les différentes formes extrinsèques solennelles ou non. Dans ces dispositions, le législateur applique à des actes d'une solennité suprême, si j'ose ainsi parler, la règle *locus regit actum*. L'acte de mariage, même sous seing privé, est valable s'il est passé à l'étranger dans les formes prescrites par la loi locale et l'article 47 étend cette règle à tous les actes de l'état civil. C'est donc que la règle *locus regit actum* s'applique à toutes les conditions de forme, quelles qu'elles soient, requises sous sanction de nullité ou même d'inexistence. Cet argument de textes, joint à celui qui se tire du motif même de la règle : *locus regit actum*, nous décide à admettre qu'un Français peut valablement faire un contrat de mariage, par

1. Voyez Merlin, Répert. au mot : Loi, § VI, nos 7 et 8.
2. Voyez. Haus. *Droit privé des étrangers*, n°. 84. Deglin, *étude sur le contrat de mar*, etc. p. 199.

acte sous seing privé si la législation étrangère locale le permet.

Notre jurisprudence paraît bien fixée en ce sens. D'anciens arrêts (1) ont déclaré valides des contrats de mariage contenant des donations passées sous seing privé, en Angleterre et à Monaco. Dans le même sens, quelques arrêts plus récents; mais la question ne semble pas s'être posée devant nos tribunaux depuis quelques années (2). Enfin cette opinion est appuyée par l'autorité de la plus grande partie de la doctrine (3).

Lorsqu'on a tranché la question de savoir à quelles formes s'étend le statut instrumentaire, il reste à se demander de quelle manière il s'applique. S'impose-t-il, est-il facultatif, au point de vue du droit international? Un habitant du canton des Grisons contracte mariage en France; peut-il, négligeant la loi locale qui prescrit l'authenticité du contrat de mariage, se contenter de rédiger ses conventions

1. Paris, 11 mai 1816. Sirey 1817, 2, 10. Paris, 22 novembre 1828, Sirey, 1828, 2, 77.

2. Arr. de rej. de la C. de cassa. 12 juin 1865. (*Dalloz* 1855, I, 389). Arr. de rej. de la C. de cassa. 18 avril 1865. (*Dalloz* 1865, I. 342), ce dernier est analysé par Deglin, *Etude sur le contrat de mariage*, p. 201.

3. Demolombe : T. I, § 106 ; Fœlix ; T. I, §§ 73 et 76 à 79 ; Fiore : n° 317 ; Aubry et Rau : T. I, § 31, p. 109 et note 70, même page ; Brocher, § 152; l'article de M. Picard au *Journ. de droit intern privé* 1881, p. 461 et ss. § 23.

par acte sous-seing privé? Sans avoir à approfondir ici une controverse qui a un caractère général, nous l'admettrions avec la majorité de la jurisprudence et la plupart des auteurs.

Le principe : *locus*, est de faveur; on a voulu laisser au national, même en pays étranger, tout l'exercice du droit de contracter. Si les prescriptions de sa loi personnelle l'avaient suivi en tous lieux, lui imposant l'accomplissement des formalités françaises, son droit contractuel n'eût été souvent qu'illusoire; l'exercice s'en fût heurté à l'impossibilité même des choses. L'esprit du législateur n'a pas été de retirer au national, en pays étranger, le bénéfice de la loi française, mais de lui en adoucir la rigueur; il n'a point entendu l'empêcher d'y revenir de lui-même (1), si bon lui semble, ni annuler un acte fait conformément à ses ordres, il a simplement adouci la face impérative de ses prescriptions, il a substitué une liberté de choix à un ordre. C'est toute la portée du principe : *locus regit actum.*

Si, dans l'ancien droit, Dumoulin s'est prononcé pour le caractère obligatoire de la règle, il s'est mis en contradiction avec la plupart des auteurs qui admettaient déjà la doctrine libérale acceptée de nos jours; avec Paul Voet, Jean Voet, Rodenburg, Hertius, Cocceji, Boullenois.

1. Voir par exemple l'article 999 C. civ. inspiré par cette idée.

Contre le caractère obligatoire de la maxime *locus* s'élève la majorité des auteurs français (1), allemands (2), anglais (3).

Ainsi, tout au moins en ce qui concerne le Français, la règle : *locus regit actum* n'a qu'un caractère facultatif, d'où il suit que nos nationaux pourront se conformer en pays étranger, aux prescriptions de la loi française, sur les formes du contrat de mariage. Par exemple, ils ne seront pas tenus, en Bavière, de contracter par devant le nombre légal de témoins fixé par la loi bavaroise, ni de faire homologuer judiciairement leurs conventions matrimoniales; ils pourront s'adresser aux fonctionnaires des consulats ou des ambassades qui revêtiront le contrat des formes françaises.

La logique du raisonnement me semble devoir conduire à reconnaître qu'à l'inverse de ce que nous admettons pour le Français, l'étranger qui contracte mariage en France pourra se conformer aux prescriptions de sa loi personnelle : son con-

1. V. Brocher, (*Tr. de dr. int*). Fœlix, I, § 83. Aubry et Rau, I, § 31.

2. Savigny. Vächter. Bar. Schœffner. Ce dernier fait en outre valoir cette considération : « que les nationaux connaîtront généralement mieux leur loi nationale que la loi étrangère » (*entwicklung*, etc. §§ 78 à 80).

3. Westlake : les cours d'Angleterre déclarent valable le contrat de mariage fait par deux Anglais en France par acte sous seing-privé conformément aux prescriptions de leur loi nationale.

trat fût-il sous-seing privé devra être reconnu valable par nos tribunaux, s'il a été rédigé conformément à la loi nationale des contractants. La raison de douter, d'ordre très général, c'est que l'application de la loi étrangère en France doit cesser quand l'ordre public est en jeu. Or tout au moins la solennité semble bien inspirée par des considérations de cette nature. Plusieurs auteurs se sont, sur ce motif, prononcé contre l'application de la maxime *locus* en notre cas spécial (1).

N'a-t-on pas ici abusé de la notion d'ordre public? Ni l'intérêt des tiers, ni celui des époux ne permettent de considérer l'authenticité comme une condition de forme qui doive, par nécessité sociale, s'imposer même aux étrangers sur notre territoire (2). Les tiers qui veulent traiter avec les époux n'ont qu'à consulter les registres de l'état civil ou du consulat où ils se sont mariés ; le mariage est-il consigné à l'état civil, l'acte indique si les époux ont fait un contrat de mariage ; les tiers prudents en devront demander la production avant de traiter avec les parties ; le mariage a-t-il été célébré au consulat, peut-être alors le registre ne contiendra-t-il aucune mention de nature à éclairer les tiers ; mais

1. Demangeat, Fiore, Dalloz.

2. Voir en ce cens Beauchet, *Journ. de droit intern. privé*, 1884, p. 39.

alors, qu'ils prennent des informations; ils savent qu'ils doivent être en méfiance. Et, d'ailleurs, pour toutes les conventions en général, la situation des Français qui contractent avec des étrangers est moins favorable que lorsqu'ils traitent avec des compatriotes; ils sont bien obligés alors de s'instruire sur la loi étrangère relative à l'état et à la capacité : loi que l'étranger n'est pas obligé de leur faire connaître. Qu'y a-t-il, dès lors, d'extraordinaire, de contraire à l'ordre public, que cette infériorité de situation se manifeste encore en matière de conventions matrimoniales par la difficulté de connaître le régime conventionnel sous lequel sont mariés les époux avec qui l'on traite? L'ordre public n'est point davantage intéressé à cette paix des ménages, à cette sécurité dans les rapports des époux entre eux, dont on a fait valoir la force parmi les motifs de l'authenticité: il s'agit ici d'étrangers, et non de Français ; le motif d'ordre public, de protection des personnes, de bonnes relations de famille, n'est pas invocable en la matière. L'étranger pourra donc se placer en France sous l'empire de sa loi nationale, pour y rédiger son contrat de mariage.

L'intérêt principal de la maxime : *locus regit actum*, apparaît surtout dans son application à la forme du contrat envisagé en lui-même; mais elle a encore des conséquences intéressantes à signaler ;

elle s'applique aux conditions de forme qui sont en quelque sorte extérieures à l'acte ; je veux dire aux prescriptions de l'article 171 du Code civil, de l'art. 67 du Code de commerce, de la loi de 1850, qui toutes tendent à donner une grande publicité au contrat de mariage (1).

Il y a des distinctions d'application à faire. Le notaire qui aura reçu en France le contrat de mariage fait entre époux français ou étrangers, dont l'un est commerçant, devra satisfaire aux prescriptions des articles 67 et 68 du Code de commerce; peu importe la nationalité des époux, ou le régime étranger sous lequel ils ont pu se placer, la forme de l'acte est régie par la loi française sous les sanctions qu'elle édicte. S'agit-il des mesures de publicité imposées aux époux, dans l'hypothèse de l'article 69 du Code de commerce, ces prescriptions, par le motif qui a inspiré le législateur aussi bien que par l'application de la règle *locus*, doivent atteindre tous les époux qui ouvrent leur commerce en France, à quelque nationalité qu'ils appartiennent, sous quelque loi qu'ils se soient placés pour l'organisation de leurs rapports pécuniaires. Mais si les époux n'ouvrent pas leur commerce en France, ils échappent aux prescriptions de l'article 69 alors

1. Arr. de la cour de Rennes, 4 mars, 1880. Affaire Guiton. (D. P. 1881, II. p. 210.)

même que leur contrat de mariage aurait été passé en France.

SECTION III. — *Validité intrinsèque et règles d'interprétation du contrat de mariage.*

La plupart des législations donnent aux époux le droit d'écarter le régime légal et consacrent le principe de liberté des conventions matrimoniales ; même, elles facilitent généralement l'exercice de ce pouvoir par une série de dispositions interprétatives qui dispensent les parties d'exprimer leur volonté dans tous ses détails, d'entrer dans des stipulations expresses innombrables ; c'est ainsi que le Code civi. leur présente trois régimes distincts de la communauté légale et plus ou moins susceptibles de se combiner avec elle. Il suffira aux époux de se référer à l'un d'eux, pour que leur convention sorte tous les effets attribués par la loi française à ce régime.

Rien de plus simple quand deux personnes de même nationalité contractent dans leur pays.

Mais, en droit international, la question s'élève de savoir à quelle loi les parties qui ont stipulé tel ou tel régime ont entendu s'en rapporter pour le développement de leur volonté incomplètement exprimée. Ainsi deux époux français qui se marient en Espagne adoptent le régime dotal ; mais ils négligent d'entrer expressément dans les détails de son application ; est-ce aux dispositions de la loi espagnole, est-ce à la loi française qu'il appartiendra, dans l'espèce, de régler les conséquences du régime adopté ? Dans le premier cas, les fonds dotaux peuvent être aliénés au cours du mariage avec le consentement des deux époux (1) ; dans la seconde hypothèse, ils sont inaliénables en vertu de la loi française.

Tous les développements que nous avons donnés sur l'application de la volonté tacite des époux, trouvent leur place et valent par *a fortiori*, lorsque nous sommes en présence de leur intention incomplètement exprimée. L'interprétation des stipulations matrimoniales est régie par les principes généraux de l'interprétation des conventions. Or il importe, avant tout, de considérer que les obligations conventionnelles sont fondées sur le consentement des parties contractantes. C'est de leur volonté que dépend la substance de l'obligation et la loi n'a pas d'autre force que celles qu'elles ont prétendu lui reconnaître. Comme en matière de régime légal, le juge ap-

1. Lehr (*Eléments de droit civil espagnol*, § 328).

préciera donc souverainement le fait ; le domicile matrimonial, la nationalité, les déclarations des parties, l'administration et les différents actes de leur gestion, mille circonstances lui formeront le seul conseil dont il puisse s'inspirer ; l'interprète n'a pas à poser de présomption là où la loi n'en établit point.

Toutes les contradictions élevées dans la matière du régime légal renaissent ici.

Cependant les Anglo-Américains s'inclinent devant la volonté exprimée des parties ; et n'admettent pas, lorsqu'il y a contrat exprès, la distinction entre les meubles et les immeubles, qui prévaut encore chez eux, dans le silence des parties (1). La volonté des époux détermine la condition de tous leurs biens, en tous pays *all the world over*. (2) Mais on doit tenir compte de certaines restrictions d'une très grande importance pratique :

Si des immeubles sont compris dans une convention matrimoniale qui, en vertu des règles générales du droit anglais ou américain, n'est pas propre par elle-même à en opérer le transfert ou à les grever d'une hypothèque, cette convention ne transférera

1. Story (*Confl. of law*, §§ 159, 176 et suiv.)

2. A ce point de vue, l'assimilation établie par M. Asser, § 52. (*Éléments de droit intern. priv.*) entre les règles admises par les Anglo-Américains au cas de contrat exprès et celles qu'ils appliquent au régime légal, est évidemment inexacte,

pas les immeubles ou ne les grèvera pas, bien que les parties puissent être obligées à y donner suite (1).

En second lieu, d'après la jurisprudence des États-Unis, le contrat de mariage ne produira pas son effet toutes les fois qu'il portera atteinte aux droits de l'État américain (2) où les époux prétendent s'en prévaloir ; or, la tendance marquée de la jurisprudence des États-Unis est d'intéresser l'ordre public à toutes les questions relatives aux immeubles situés sur le territoire.

Quant à l'Ecole italienne, pour des motifs que nous n'avons plus à discuter (3), elle décide que les stipulations matrimoniales expresses, seront dans leur substance, régies par la loi nationale des époux. Aux yeux de ses adhérents, le contrat de mariage est si étroitement lié au mariage qu'on ne peut scinder ces deux choses et les faire dépendre de deux lois différentes ; il n'y a pas lieu d'appliquer les principes admis en d'autres conventions, car celle-ci est d'un ordre tout spécial ; elle touche aux intérêts de la famille, au bien des enfants, à l'exercice de l'autorité maritale qui intéressent l'ordre public national, et qui doivent relever de la loi personnelle. (4)

1. Westlake (*Treatise on the intern. law*, § 32).
2. Story, (*Conflicts of laws*, §§ 159, 176 et suiv.).
3. Voir la discussion, 1re part., ch. I, sect. II, § 2.
4. Fiore (*Dr. intern.*, § 326). Asser (*Élém. de droit intern. privé* se range à cette opinion, § 51,

Enfin les partisans du principe du domicile, en matière de régime légal, appliquent la même présomption à l'interprétation des conventions matrimoniales.

Par les indications qui précèdent, on voit que tout le développement de cette étude relève, sauf en ce qui concerne les Anglo-Américains, d'un exposé déjà fait ; il peut emprunter son cadre et sa matière à notre Chapitre I, Section II, auquel nous renvoyons.

Aux conditions de validité intrinsèque du contrat de mariage on peut rattacher certaines limitations légales imposées à la volonté des époux. Ainsi dans le Chapitre I, du titre du Contrat de mariage, le législateur français interdit aux époux certaines stipulations, je peux parler des articles 1387-1390. Ces articles s'imposent-ils même aux nationaux qui se marient en France ; même aux Français qui se marient à l'étranger ? Il y a des distinctions à faire. Les restrictions qui tiennent aux bonnes mœurs, comme celles énoncées dans l'article 1387 s'appliquent, d'après les principes qui prévalent sur le territoire même aux étrangers en France ; elles sont d'ordre public local. (1)

1. En ce sens, Brocher, (*Cours de droit intern. privé*, t. II, ch. V, nº 183).

D'après l'opinion prédominante, l'article 1389 relève du statut réel et s'applique également aux étrangers contractant sur notre territoire. C'est une conséquence de la doctrine générale d'après laquelle l'ordre légal des successions pour les immeubles est régi par la loi du lieu de la situation. La jurisprudence a appliqué cette idée (1), dans une décision récente.

L'article 1388, qui décide que les époux ne peuvent déroger aux droits résultant de la puissance maritale, ou paternelle, ni aux droits qui appartiennent au mari comme chef, ni à ceux qui sont conférés au survivant des époux par les titres de la puissance paternelle, de la minorité, de la tutelle, et de l'émancipation, relève évidemment du statut personnel, par suite s'impose aux Français en quelque lieu qu'ils contractent; mais il ne touche pas les étrangers qui restent en effet, pour tout ce qui concerne leur personne, leur état, leur capacité sous l'empire de la loi personnelle.

L'article 1390 qui a pour but d'empêcher les particuliers de faire revivre, en s'y référant d'une ma-

1. Arrêt de la cour de Cassation du 4 avril 1881. (*Journ. de droit intern. privé,* 1881, p. 427) : les conventions matrimoniales que les époux ont faites en conformité avec leur loi nationale ne sont pas applicables à leurs immeubles situés en France, en ce qu'elles ont de contraire à la loi française notamment en ce qui touche les droits des héritiers réservataires.

nière générale, les anciennes coutumes abrogées, est d'ordre public local ; le juge français en tiendra compte, quelle que soit la nationalité des époux, en quelque lieu que le contrat de mariage soit intervenu (1). Mais des Français pourraient adopter, d'une manière générale, le régime matrimonial organisé par une loi étrangère ; pour ce cas spécial, la loi française n'édicte pas de prohibition ; et le motif même de l'article 1390 le limite à ses termes (2).

1. Laurent, (*Dr, intern.*, t. V.)

2. En ce sens, Aubry et Rau, (*Cours de droit civil*, t. V, p. 274 et note 23).

DEUXIÈME PARTIE

Effets du régime matrimonial établi, au point de vue du droit international privé.

CHAPITRE PREMIER

ÉTENDUE DES EFFETS DU RÉGIME MATRIMONIAL, SUR LE TERRITOIRE.

SECTION I. — *Universalité des effets du régime matrimonial.*

Le régime matrimonial, une fois déterminé, qu'il résulte de la convention expresse ou tacite des parties, a son effet en tous pays, quelles que soient ses clauses, sous les restrictions qui y pourraient être apportées par l'ordre public territorial.

Si, par exemple, deux époux ont adopté le régime de la communauté française, cette communauté s'étendra à tous les biens qu'ils pourront posséder en d'autres pays ; si leurs immeubles conquêts sont situés en Angleterre, en Allemagne, en France, cette diversité de situation n'empêchera pas l'application de la loi française unique, ou plutôt de la volonté des parties qui a fait siennes les règles de la loi française; la volonté de l'homme, c'est une règle admise pour toutes les conventions, ne connaît pas les limites du territoire, elle produit son effet par dessus les frontières et peut au besoin embrasser le monde entier (1). Plusieurs arrêts de jurisprudence française ont consacré ce principe. L'un des plus curieux (2) donne effet en France aux conventions matrimoniales passées par une femme, mariée sous le régime de la loi anglaise.

Les futurs époux avaient adopté à l'ambassade britannique le régime anglais; un acte de reconnaissance reçu par un notaire de Paris (lieu de la célébration du mariage) constatait que « les parties ont « arrêté dans les formes anglaises et conformément « aux dispositions des lois de ce pays les clauses et « conditions de leur union suivant acte sous seing « privé. » Le contrat avait, suivant l'usage anglais, pris la forme d'un fidéicommis; trois fidéicommissaires (*trustees*) avaient été investis de la propriété légale des biens personnels à la future épouse. Par ce contrat la femme réalisait la séparation de biens,

1. Arr. de la cour de Paris, 4 août 1853. (*D. P.*, 1855, II, 315). Affaire Fergusson; Cass. ch. civ. 20 avril 1869 (*D. P.*, 1870, I, 99.) Aix, 8 nov. 1870, (*D. P.*, 71, II, 216). Bordeaux, 2 juin 1875 (*D. P.* 76, II, 143).

2. Affaire Fergusson, citée dans la note ci-dessus.

isolait sa fortune de celle de son mari et se réservait ses revenus ; les fidéicommissaires saisis, par une fiction légale, de cette propriété, avaient pour mission de conserver les droits dont ils recevaient la garde par le contrat, et d'agir à l'effet d'assurer l'exécution des conventions.

Contrevenant à ces conventions, le mari avait vendu les immeubles personnels de la femme ; il tombe en faillite, les *trustees* s'adressent aux tribunaux français pour réclamer le prix des immeubles indûment vendus par le mari. Ils s'appuient sur le *settlement* conforme à la loi anglaise, et qui doit produire son effet partout. Il fut fait droit à leur demande (1).

Comme le contrat exprès, le régime légal, par suite de l'idée de convention tacite pour les uns, de personnalité des lois pour les autres, produira son effet en tous lieux. Si je suppose deux époux Suisses du canton des Grisons, mariés sans contrat dans leur pays, le régime d'exclusion de communauté régira même leurs biens sis dans un pays de communauté. Deux époux placés sous le régime légal Ecossais invoqueront les dispositions de la loi écos-

1. Colfavru (*Du mariage et du contrat de mariage en Angleterre et aux États-Unis*), blâme cette décision, mais pour des motifs étrangers au droit international ; d'après lui, il y aurait eu ratification par la femme de la vente faite par le mari, p. 129.

saise devant le juge français qui devra s'y conformer ; ainsi la femme opposera avec succès à ses créanciers français les lois de son pays qui déclarent inaliénables et insaisissables ses objets mobiliers d'utilité personnelle, ou de luxe. (1)

D'une manière plus générale, et, toujours sous la réserve de l'ordre public local, tous les effets déduits du contrat ou de la loi interprétative de ce contrat s'appliqueront à l'étranger. Si les époux sont mariés sous le régime dotal, la loi qu'ils ont choisie détermine comment la dot se constitue, quels sont les biens dotaux, tranchera la question d'inaliénabilité de la dot, etc., etc. (2)

S'ils sont placés sous le régime de la communauté française ou hollandaise, ou espagnole, les lois française, Hollandaise, Espagnole, règleront en tous lieux la composition de la masse commune dans son actif et dans son passif, détermineront les droits de reprise, de remploi, de récompense, (3) de renon-

1. V. jugement du tribunal de Boulogne-sur-Mer, 11 février, 1854, (*D. P.*, 54, III, 37).

2. V. Rocco, p. 575 et suiv. — Deglin, p. 244.

3. Cette conséquence, universellement admise aujourd'hui par nos auteurs, fut très discutée dans l'ancien droit. Basnage : « nous tenons cette maxime qu'il ne se fait pas de remploi de coutume à coutume ». Bouhier démontre avec vigueur (*Cout. de Bourgogne*, nos 101, 102) que la clause de remploi est tacitement convenue par les parties, et doit, comme tous les effets de la convention tacite, valoir de coutume à coutume. Même raisonnement pour l'action en indemnité et en récompense. Voir sur ce point l'historique de M. Laurent, (*Dr. intern.*, t. V, § 215).

ciation à la communauté, (1) enfin les règles à suivre pour la liquidation de la communauté. C'est surtout à ce moment, lors du partage qu'apparaîtra l'intérêt de toutes les questions qui précèdent, c'est alors surtout que s'élèvent les contestations sur la nature et les effets du régime.

SECTION II. — *Des exceptions à apporter au principe d'universalité du régime.*

Lorsqu'on a admis cette règle, que l'effet du régime s'étend partout, il importe de la restreindre aussitôt par cette autre idée : les prescriptions d'ordre local public peuvent interdire tels ou tels effets, tel ou tel régime et faire échec au principe. Dans ce cas, les conventions expresses ou tacites des parties ne sortiront pas leurs effets sur le territoire de l'Etat où règne la législation prohibitive ; tous les auteurs s'accordent théoriquement sur ce point.

Mais lorsqu'il s'agit de déterminer quel est cet ordre public local, quelles sont ces prescriptions qui s'imposent à tous sur le territoire, aussitôt s'élève la discussion.

1. Encore sur ce point, vives contestations dans l'ancien droit. Boullenois tenait pour le statut réel (V. sa dissertation sur les statuts, question XII, pp. 235 et 236). Bouhier appliquait ici encore l'idée de convention tacite et, renouvelant l'argument de Doumoulin, disait : la renonciation a pour but de dégager la femme des liens de la société de bien, la formation de cette société dépendant de la convention des parties, il doit en être de même de sa dissolution.

Trois matières appellent à cet égard un examen particulier : le douaire, l'inaliénabilité des biens dotaux, les prohibitions de régimes, contenues ou impliquées dans certaines législations.

§ I. — Douaire.

Dans plusieurs pays, par exemple dans l'Etat de Virginie, la loi attribue à la femme mariée, sans contrat, un droit à une quote-part des biens du mari prédécédé. La question qui se pose est celle de savoir si la femme mariée sous le régime légal virginien pourra invoquer son droit au douaire sur les immeubles situés dans un pays où le douaire légal n'existe point, par exemple en France. On peut imaginer l'espèce analogue : au cas de douaire conventionnel.

La question s'était élevée dans l'ancien droit ; parmi les avantages matrimoniaux donnés à la femme, le douaire tenait une place très importante. Il était conventionnel ou coutumier.

Conventionnel, ou selon le langage des anciens jurisconsultes *préfix*, ses effets s'étendaient sur les biens du mari situés en tous lieux. Cette solution, admise sans difficulté, dans le cas où il avait été constitué sur tous les fonds du mari en général, était cependant contestée dans le cas où la convention des parties avait limité le douaire à un bien particulier (1).

Quelques auteurs avaient soutenu, dans cette hypothèse, qu'on devait appliquer la coutume de la situation. Mais sans raison sérieuse ; puisque le douaire ainsi limité n'était pas moins conventionnel, et qu'évidemment l'assignation d'un fonds déterminé, accessoire de l'obligation, ne pouvait en changer la nature.

Par exception au principe généralement admis, on décidait que le douaire conventionnel n'aurait pas effet, à l'encontre des prohibitions des coutumes locales. Dans le Maine, en Normandie, en Bourgogne, dans le Poitou, des dispositions formelles défendaient que le douaire préfix excédât le douaire coutumier ; si des époux, par un contrat de mariage passé dans une coutume où cette prohibition n'existait pas, comme en Angoumois, convenaient d'un douaire portant sur tous les biens du mari, cette convention n'avait pas effet à l'égard des fonds situés dans le Poitou. Il y avait, en ce sens, des arrêts de jurisprudence (2). Mais de longues discussions s'élevaient pour déterminer à quels signes on

1. Bacquet, *des droits de justice*, ch. XV, n° 50. — Froland, *Mémoires sur les statuts*, part. II, ch. XI, n° 3.

2. V. notamment pour l'espèce précitée, *Journal des Audiences*, t. III, liv. II, ch. 21. — Arrêts dans le même sens cités par Froland, *Mémoires*, ch. IX et ch. XI.

pouvait reconnaître le caractère prohibitif des dispositions coutumières (1).

Le douaire coutumier passait, dans l'opinion presque générale, pour réel ; il était donc limité au territoire de la coutume qui l'organisait. Sans doute une femme pouvait être douairière dans plusieurs coutumes ; mais c'était alors parce que ces coutumes admettaient toutes le douaire ; « que si la loi de la « situation, dit Boullenois, donne un douaire pa- « reil à celui du domicile matrimonial, la veuve « l'aura dans l'un et dans l'autre endroit, non pas « parce qu'une loi dominera sur l'autre ; mais « parce que chaque loi dominera par elle-même », et en application du même principe, si la loi de la loi de la situation le donnait plus ou moins fort que celui de la coutume du domicile matrimonial, la veuve, le recevant des mains seules de la loi, le prenait tel que chaque loi le lui présentait, sans pouvoir outrepasser ses termes (1).

Bouhier, remontant aux origines du douaire, se contente de présenter quelques réflexions, dans le sens de l'opinion contraire mais sans essayer « de lutter contre un tel torrent » (2).

1. V. Boullenois, *Traité des statuts*, t. II, observat. 37.

2. V. en ce sens Froland, *Mém. sur les statuts*, part. II, ch. IX, n° 4. — Renusson, *Traité du douaire*, ch. V, n° 47. — Pothier, *Traité du douaire*, n°s 11 et 12.

3. Bouhier, *Observ. sur la coutume du duché de Bourgogne*, ch. XXVI, n° 152.

Il rappelle qu'à l'origine le douaire existait seul ; comme l'a dit Loisel : « femme n'avait douaire, fors le convenancé » (1). L'ordonnance de Philippe-Auguste, rendue en 1214, tourne en prescription législative ce qui était depuis longtemps dans l'usage ; et, pour éviter aux parties, la peine de faire une convention formelle, fixe la quotité du douaire et en marque l'assignat, mais le législateur qui parle pour les parties, qui supplée à leur convention, n'a pas changé la nature du douaire ; comme la communauté coutumière, le douaire relève ici de la convention tacite des parties et devrait avoir son effet en tous lieux.

Toujours est-il que dans l'ancien droit, cette doctrine, indiquée par Bouhier, ne fut jamais admise.

Récemment, la question s'est élevée en droit international, et la jurisprudence, à l'occasion d'une même affaire (2), a eu à se prononcer sur les effets du douaire légal et du douaire conventionnel, à l'égard des immeubles situés en France.

En ce qui concerne le douaire légal, deux doctrines contradictoires se sont produites. D'après la première, qui a été consacrée par le tribunal de la Seine, le douaire accordé par la loi étrangère à

1. *Institutes coutumières*, l. I, t. III, art. 1.

2. Affaire Lesieur : Sirey, 1883, I, 65, note très approfondie de M. Renault.— Id. Clunet, 1881, 427 et 1882, 87. — D. P. 1881, I, 381. Revue critique 1882, Examen doctrinal p. 706 et s.

l'épouse survivante aura son effet, même dans un pays où le douaire légal n'existe pas. La femme, mariée sous le régime légal Virginien, pourra invoquer son droit au tiers des immeubles du mari prédécédé, même situés en France.

En vain, les héritiers réservataires du mari contesteraient-ils l'exercice de ce droit, par ce motif qu'il porte atteinte à leur réserve ; le douaire légal n'est pas une libéralité, mais un effet nécessaire du régime, une compensation donnée à la femme qui, pendant l'union conjugale, n'a eu aucune part des acquisitions du mari. Il échappe donc à la réduction, au même titre que les autres avantages qui peuvent résulter pour la femme du régime auquel elle est soumise.

Cette opinion, très rationnelle, à notre avis a été rejetée par la Cour d'appel de Paris et par la Cour de cassation, statuant sur la même affaire. Le douaire, même légal, ne peut avoir d'effet sur les immeubles situés en France; parce que, d'après la Cour de cassation, les immeubles situés en France sont régis par la loi française et qu'on ne saurait prétendre exercer sur ces immeubles des droits qui ne sont pas reconnus par cette loi. Dans cette doctrine, les questions qui se rapportent au douaire relèvent du statut réel ; si l'on écarte tous les droits que la femme peut prétendre comme douairière sur un immeuble situé en France, c'est par application de l'art. 3 du C. civ.

Ce point de vue nous semble très-inexact; le douaire n'est pas un droit particulier sur les choses; le raisonnement de la Cour s'appliquerait à un droit féodal, à une servitude imposée à la personne, à une substitution prohibée; mais le douaire ne modifie pas la propriété dans son organisation, il ne porte pas atteinte aux modes réguliers d'acquérir et de transmettre; c'est simplement une attribution de propriété faite ici par la loi au profit de la femme.

En vain la Cour invoque-t-elle l'ordre public qui doit faire protéger les droits des héritiers réservataires; dans l'esprit même du Code civil, ce qui revient au conjoint survivant, comme conjoint, doit être prélevé avant toute application des règles sur la réserve; et l'on ne peut déterminer les forces de la succession, calculer la quotité disponible et la réserve qu'après avoir déterminé ce qui revient à ce conjoint. Les avantages matrimoniaux de la femme survivante doivent donc, dans l'espèce, passer avant les droits des réservataires, conformément à l'esprit des articles 1496 et 1527.

Il y a plus de difficultés dans la seconde hypothèse, celle de douaire conventionnel ou testamentaire. Nous croyons qu'on doit se garder des solutions trop absolues ; il y a une distinction d'espèces à faire.

Lorsque la loi étrangère, qui régit les rapports pécuniaires des époux, considère le douaire conventionnel, ou testamentaire comme de droit matrimonial, on doit se décider par les raisons exposées plus haut, à lui donner effet même sur les immeubles situés en France. Pas plus que le douaire légal, le douaire conventionnel ou testamentaire ne constitue une atteinte à l'organisation de la propriété ; et d'autre part, il ne peut être soumis à la réduction, sous prétexte qu'il constituerait une libéralité : c'est en effet, par hypothèse, un simple droit matrimonial, résultant pour l'un des époux du jeu du régime adopté, un simple règlement de l'association conjugale.

La jurisprudence n'a pas accepté cette théorie ; le tribunal de la Seine, lui-même, qui admet que le douaire légal vaut en France, et qu'il ne peut pas être attaqué par les héritiers réservataires, a pensé, qu'au delà de ce tiers, le douaire équivalait à une libéralité, réductible selon la règle posée dans l'article 1094.

Cette solution ne serait, à notre avis, admissible qu'au cas où la loi étrangère considérerait l'établissement d'un douaire par convention ou par testament comme une libéralité.

§ II. — Inaliénabilité des immeubles dotaux.

Une femme mariée sous le régime dotal français, a des immeubles situés en pays étranger, ces immeubles seront-ils inaliénables ? Sous cette forme générale, la question revient à demander si l'aliéna bilité est une indisponibilité des biens de la femme, une prescription de statut réel ou simplement une incapacité de l'épouse dotale. Au premier cas, l'effet de la dotalité se limiterait au territoire où règne la loi à laquelle se sont soumis les époux; avec la seconde solution, l'inaliénabilité s'étend, en principe, à tous les biens, mais sous certaines réserves.

Nous n'avons pas à entrer dans le détail d'une controverse trop générale pour prendre place ici. Nous indiquons seulement ses conséquences en notre matière.

Déjà, dans l'ancien droit, Bouhier (1), même Froland (2) tenaient pour le caractère personnel de l'inaliénabilité et voulaient qu'il s'étendît aux biens situés hors de la coutume à laquelle les époux se sont référés en rédigeant leurs conventions matrimoniales. Bouhier, notamment, invoquait le motif romain qui justifie encore, selon lui, cet effet capi-

1. Chap. XXVII (*Cout. de Bourgogne*, nos 14 à 20, t. I).
2. T. II, p. 1007 et s.

tal du régime dotal. On a voulu protéger la femme contre sa propre fragilité, et il remarque que ce serait une étrange idée de veiller sur la femme chez elle et de l'abandonner à sa fragilité à l'étranger.

Naturellement d'Argentré et ses partisans (1) tenaient pour le système opposé.

L'idée de réalité fut même assez populaire aux premiers temps de notre Code civil. De nos jours, quoique ayant perdu beaucoup de son ancienne faveur, elle se défend encore, surtout au point de vue des traditions de l'ancien droit français (2). Fœlix en a soutenu l'application en notre matière spéciale (3). Il est presque inutile de faire remarquer que l'école anglaise tout entière s'y rallie (4).

La plupart des jurisconsultes français, allemands (5), italiens (6), tiennent, au contraire, pour l'idée d'incapacité; incapacité contractuelle organisée par la loi, par interprétation de la volonté des époux.

1. Par exemple Duplessis, *Consultat. Œuvres*, II, p. 259.

2. M. Mongin, *Revue critique de législation*, mars 1886. Voir aussi pour la théorie de l'indisponibilité, MM. Demolombe (*Rev. de lég.*, 1835, t. II, p. 282) et p. 179-186.—Aubry et Rau (t. V, § 538, n. 31).

3. V. son *Traité de droit international*, § 60, p. 124.

4. Burge (*Comm. on for. and col law*, t. II, p. 870).

5. Entre autres, Bar : *Das internat. Privatrecht*, § 59, *Handlungsfähigkeit der Frau*.

6. Rocco (*Trattat. di diritt. intern.*, p. 557 et s.

D'où il suit, premièrement, qu'une femme mariée sous un régime dotal étranger dans lequel l'inaliélabilité n'est pas consacrée, pourra aliéner ses fonds dotaux situés en France. La loi française n'est pas applicable dans l'espèce, l'inaliénabilité ne pourrait s'imposer que si elle était d'intérêt général et d'ordre public local. Or l'intérêt général, en France, n'exige pas que la dot soit inaliénable, les futurs français pouvant écarter cet effet du régime dotal (art. 1554).

Mais, en second lieu, deux époux mariés sous le régime dotal français pourront invoquer l'inaliénabilité des immeubles dotaux, situés en pays étranger, comme on pourra la leur opposer. Car les conséquences du régime qu'ils ont adopté, participent, en somme, à la nature conventionnelle de ce régime, et doivent se produire en tous lieux.

La question de principe admise, une restriction d'une très grande importance s'impose, pour le cas où la législation locale répudie l'inaliénabilité, comme portant atteinte au principe de la libre circulation des biens ou de la condition des personnes. Le principe d'ordre public international commande cette solution, mais il y aura des difficultés d'appréciation, lorsque la loi étrangère sans prohiber en termes exprès l'inaliénabilité des immeubles dotaux, se contente de ne point la consacrer dans le régime dotal qu'elle organise. On aura alors à entrer dans l'esprit même du législateur étranger ; à décider si son silence doit être interprété dans un sens purement omissif ou prohibitif. Ce dernier point admis, il restera à déterminer si la prohibition, dans la pensée de ce législateur, regarde les biens ou les personnes. Au premier cas, tous les immeubles dotaux situés sur le territoire ou règne la législation prohibitive, de quelque loi que le régime dotal dépende, devront être considérés comme aliénables alors même que la loi du régime consacrerait le principe d'inaliénabilité. Au second cas, les nationaux du pays où règne la législation prohibitive sont seuls atteints par elle ; en quelque pays qu'ils se marient et qu'ils aient des biens, ils ne pourront stipuler l'inaliénabilité prohibée par leur loi personnelle. Mais, dans la même hypothèse, les étrangers, par exemple deux Français mariés sous le régime dotal français, pourraient invoquer, même dans ce pays, l'inaliénabilité résultant du régime.

Souvent ces deux idées se réuniront pour fonder la prohibition de la loi étrangère ; elle pourra avoir eu en vue, en rejetant l'inaliénabilité, à la fois la condition des biens et celle des personnes. Il en est ainsi, dans la loi espagnole. Une femme mariée sous le régime dotal français, ne peut pas invoquer l'inaliénabilité de ses immeubles dotaux situés en

Espagne; deux Espagnols, mariés sous le régime dotal, ne peuvent pas stipuler que la dot sera inaliénable, s'agit-il des meubles ou d'immeubles situés en France.

Cette dernière conséquence a été déduite par un jugement du tribunal de la Seine du 20 août 1884 (1).

Deux Espagnols, mariés à Paris sous le régime dotal, par contrat passé devant notaire, avaient stipulé non pas l'inaliénabilité de la dot, (consistant en rentes sur l'État) mais une aliénabilité restreinte par une obligation d'emploi. Au cours du mariage, les époux donnent à un agent de change l'ordre de vendre ces titres; prétendant que, sans avoir égard à l'obligation d'emploi prévue au contrat, ils ont le droit de procéder à cette aliénation et de toucher directement le prix. L'agent de change ne consentait à aliéner les titres de rente qu'à la condition que remploi serait fait du capital en provenant. Le tribunal décida, en faveur des époux, que « les effets du « contrat de mariage du 9 janvier 1872 devaient « être tenus pour nuls et non avenus dans la partie « contrevenant à la loi espagnole, concernant l'inaliénabilité de la dot ou son aliénabilité avec condition de remploi, et que les biens dotaux inscrits « au nom de la femme peuvent être librement alié-

1. *France judiciaire*, 2, 90.

« nés avec consentement des deux époux, sans obli-
« gation d'emploi », en vertu de ce principe qu'il ne leur était pas permis « de déroger à *leur* statut « et de limiter par une convention particulière la « capacité que la loi espagnole attribue aux époux, « relativement aux biens matrimoniaux ».

Le tribunal décida, par ces motifs, que l'agent de change serait tenu de déférer à la réquisition des époux et de leur remettre le prix de la vente sur leur simple décharge.

§ III. — Prohibition de certains régimes.

La question s'était posée dans l'ancien droit ; elle y avait soulevé de vives controverses.

Si les coutumes portaient : que « les immeubles situés sur le territoire n'entreront pas en communauté », on s'accordait pour reconnaître que dans cette hypothèse il faudrait obéir, sauf à indemniser la femme sur les autres biens, de ce quelle perdait par ce retranchement des conquêts (1).

Mais la question devenait délicate, lorsque les coutumes sans s'exprimer aussi formellement se contentaient d'exclure certains régimes ; quelle était

1. Bouhier (*Cout. de Bourgogne*, ch. XXVI, t. I, nº 22). — Froland (*Traité des statuts*, part. II, ch. III, nº 6, p. 307). — Boullenois (*Dissert. sur les statuts*, quest. 5, p. 111).

alors la portée de cette exclusion, l'étendue de son caractère obligatoire ?

Ainsi la coutume de Normandie décidait (articles 330 et 389) : « que les personnes conjointes par ma-
« riage ne sont communes en biens, soit meubles,
« soit conquêts immeubles. »

On ne doutait pas que cette disposition fût prohibitive à l'égard des Normands qui se mariaient en Normandie. Mais l'était-elle de même pour ceux qui se mariaient au dehors? L'était-elle pour les étrangers, communs, qui acquéraient des immeubles sur le territoire normand ? (1).

En Normandie, tous les auteurs et tous les arrêts étaient pour l'affirmative ; à Paris tous les arrêts et tous les auteurs se prononçaient pour la négative. Sur cette question qui partageait, comme dit un ancien auteur, tant de beaux génies, l'accord ne se fit jamais.

Cependant Bouhier, entrant dans l'esprit même du législateur, démontra avec pénétration que la prohibition de la Coutume normande avait un caractère essentiellement personnel.

Les rédacteurs de la coutume en ont-ils voulu aux biens? Non. La liberté des aliénations et des trans-

1. OEuvres de Duplessis (*Consult.* XLI, t. II). — Renusson, *De la Communauté*, ch. IV, n. 16 et s.). — Froland (*Mém. sur les statuts*, part. II, ch. I, n° 11, p. 206 et s., ch. II, p. 212 et s.).

actions relatives aux immeubles est aussi grande qu'ailleurs. C'est donc par rapport aux personnes que les États ont prohibé la communauté conjugale.

Dumoulin en avait déjà donné le motif, en termes d'une franchise brutale : « *in Neustriâ mulie-* « *res sunt ut ancillæ multum viris subditæ, qui* « *sunt avari* » (1). Bouhier traduit avec finesse et courtoisie : les Normands, — du moins ceux d'autrefois, — trop attachés à leurs intérêts en ont agi durement avec leurs femmes et ont diminué leurs droits.

Il s'agit donc seulement des personnes normandes (2).

Les étrangers communs en biens auront, par suite, le droit d'invoquer la communauté sur les immeubles conquêts de Normandie.

A l'inverse : la femme normande sera réduite même pour les conquêts faits à Paris, à la portion qui lui est donnée par sa coutume, mais une nouvelle controverse s'élevait pour savoir si le Normand qui avait épousé à Paris une Parisienne pouvait stipuler valablement la communauté selon la coutume de Paris, tout en conservant son domicile de Norman-

1. In cod. lib. I, tit. I, oper. t. 3.
2. Froland était du même avis.

die (1). Il y avait entre Paris et Rouen les divergences radicales que nous remarquions tout à l'heure ; de sorte que l'avocat consulté sur une affaire de ce genre, « était induit à dire que celui qui a intérêt qu'il y ait communauté prenne ses mesures pour porter le procès devant le Parlement de Paris ; et que s'il était au contraire intéressé à l'exclure, il devait engager l'affaire à Rouen ». La doctrine était partagée comme les Parlements (2). Boullenois, pour des motifs pratiques admettait que la stipulation de communauté était valable. S'il n'est pas permis, disait-il, à une Parisienne de se marier suivant ses lois, elle ne pourra se déterminer à épouser un Normand ; de même pour toutes les femmes des pays de communauté et voilà plusieurs provinces où les Normands ne pourront pas trouver de femmes.

On n'était pas tenu de donner une réponse sérieuse à une objection qui l'était si peu; aussi Bouhier répliquait-il avec autant de sens que d'esprit :

« La Normandie est assez vaste pour qu'un « homme du pays puisse trouver à s'y marier con-

1. Si le Normand avait changé de domicile, s'il en avait établi un à Paris, fixe, permanent, il échappait à la prohibition normande, comme d'une manière générale, aux lois du domicile d'origine. Il y avait là une simple conséquence du changement de statut personnel.

2. Renusson, (*de la communauté part.* 1, ch. 4). — Basnage sur la coutume de normandie art. 289. — Froland, (*Mém. sur les statuts*). — Bouillenois, (*Dissertation sur les statuts question* 5). — Lebrun (*Traité de la commun.* liv. 1, ch. 2.).

« venablement, et les Parisiennes trouveront assez « de maris sans être obligées d'aller en chercher en « Normandie. »

Mais le jurisconsulte Bourguignon, après avoir défendu sur tant de points le caractère personnel de la prohibition de la coutume de Normandie, finit sur une défaillance : il admet que les époux normands peuvent valablement stipuler la communauté pour leurs biens situés hors de Normandie. Dans ce but, il s'efforce d'établir — par des raisonnement tirés soit du texte de l'article 389 de la coutume de Normandie, soit des droits de la femme survivante — que la coutume n'est pas entièrement exclusive de la communauté ; et que, par suite, les époux y peuvent déroger. Mais il a trop fortement établi le caractère personnel de ces prescriptions, pour ne s'être pas réfuté d'avance ; si la prohibition ne touche pas les biens, mais les personnes, elle doit lier les personnes, où que soient les biens, et il n'y a pas de raison pour que les Normands puissent stipuler la communauté à l'égard de leurs immeubles sis à l'étranger, s'ils ne peuvent la stipuler relativement aux fonds qui se trouvent en Normandie.

Aujourd'hui la question se présente encore : quelques législations excluent un ou plusieurs régimes. Ainsi le code civil italien n'admet pas d'autre communauté que celle des profits et acquêts. Plusieurs cantons suisses : Appenzell, Argovie, Berne, Glaris, les Grisons, Lucerne, St-Gall, Schwitz, Uri, n'admettent que le régime exclusif de communauté.

Si deux époux se marient sous un régime exclu en ces différents pays, par exemple sous la communauté légale française, l'effet de ce régime s'étendra-t-il même à leurs immeubles sis en Italie ou dans ces régions de la Suisse ?

Si deux Italiens ou deux Bernois se marient en France, échappent-ils à la prohibition de la loi italienne, ou du code Bernois, qui n'admettent point la communauté légale ?

La réponse dépend uniquement du point de savoir si en prohibant la communauté légale française, la loi étrangère a eu en vue l'ordre local, territorial ou si elle n'a pas plutôt considéré la condition des époux, leurs rapports personnels, la constitution des familles. On doit, comme Bouhier le faisait remarquer, descendre dans l'esprit du législateur.

Au premier cas, l'effet de la communauté légale française ne se produirait pas relativement aux immeubles sis en Italie et dans les cantons suisses qui l'excluent.

Dans la seconde hypothèse, la prohibition ne touche que les nationaux soumis à la loi italienne ou suisse, elle n'a pas d'effet à l'égard des étrangers, même pour les biens qu'ils ont sur le sol italien ou suisse. D'où il résulte que deux époux français pourraient adopter la communauté légale dans un pays où elle est exclue; et en invoquer tous les effets. Mais, au contraire, deux époux italiens, en quelque lieu qu'ils soient, sont suivis par leur loi personnelle qui leur en interdit la stipulation ou l'adoption même tacite.

Cette dernière solution est universellement admise en Italie; on doit la reconnaître très conforme à l'esprit général de la législation italienne (1).

En France, au contraire, la jurisprudence s'est nettement prononcée dans un sens favorable à la réalité. Pour elle, la prohibition du Code civil italien est d'ordre public local et n'a pas d'autre but que la conservation des biens dans les familles (2). D'où il suit que deux époux italiens mariés en France sans contrat ou avec stipulation expresse de communauté légale pourront être placés sous ce régime, que leur loi nationale prohibe cependant. Mais il faut dire qu'à l'inverse (et ce sont des conséquences que la jurisprudence française n'a pas eu à déduire) deux époux français ne pourraient

1. Fiore, § 328. — Voir notre développement sur l'art. 6 du code civil italien. Ch. I. sect. II, 1re Partie.

2. Affaire Fraix; arrêt de rejet de la chambre civile : *D. P.* 1857, 1, 109 et Sir. 1857, 1, 1, 247. — Raibaldi : (*D. P.* 1857, II, 43; Sir. 1856, II, 222).

pas adopter valablement en Suisse et en Italie les régimes prohibés; comme aussi l'effet de ces régimes stipulés en France ne s'étendrait pas aux biens sis sur les territoires où règnent les législations prohibitives.

CHAPITRE II

DURÉE DU RÉGIME MATRIMONIAL.

SECTION I. — *De la mutabilité et de l'immutabilité du régime matrimonial.*

Les conventions matrimoniales doivent être rédigées avant le contrat de mariage (art. 1394),d'où il suit que la communauté légale elle-même ne peut être modifiée au cours de l'association conjugale (art. 1395). Ainsi, au moment de la célébration du mariage, le régime des biens des époux est définitivement déterminé, soit par la libre convention des parties, soit par la loi.

Cette prescription s'impose en droit interne. Mais la diversité des législations est grande sur ce point. Si nous retrouvons le principe de l'antériorité du contrat de mariage et de l'immutabilité du régime en Italie (art. 1382,C. civil italien) en Norwège,Islande, Danemark (1), Suède (2), Hollande (3), dans quel-

1. St-Joseph : II, 154, III, 14, *(Concordance entre les codes civils étrangers et le code Napoléon)*.

2. D'Olivecrona (*Revue de Gand* ; XV, p. 53-55).

3. St-Joseph (II, 354).

ques parties de l'Allemagne (1), en Autriche (article 1217, C. civ. autrichien) (2), dans quelques cantons suisses, (Genève, Jura-Bernois, Neufchâtel, Tessin et Thurgovie, Grisons) (3), en Angleterre et en Ecosse (4) ; le même principe n'est point admis dans la plupart des pays allemands ; ainsi le Landrecht prussien admet que dans les lieux où la communauté existe, le contrat de mariage est fait indifféremment avant ou après le mariage (L. R. II, 1, 354) ; plusieurs cantons suisses ne prescrivent pas l'antériorité : ainsi les Grisons ; ou autorisent les époux à adopter après le mariage un nouveau régime comme la communauté d'acquêts : ainsi le canton de Fribourg. En Espagne, le principe est bien que le contrat doit être antérieur au mariage ; mais cette prescription est singulièrement atténuée par l'institution de la *carta de dote* qui peut être

1. Notamment dans les pays allemands de droit français (Alsace Lorraine, Bade, partie de la Prusse Rhénane). — En Prusse, le Landrecht, II, 1, 354, dispose que dans les lieux où la communauté n'existe pas, un contrat de mariage adoptant ce régime doit être rédigé avant le mariage.

2. Mais sous une réserve : l'acte peut être modifié après le mariage, en vertu d'une décision judiciaire (art. 1263, 103 à 105.

3. Lardy : Les législations civiles des cantons suisses en matière de tutelle de régime matrim. quant aux biens et de succession, carte nº 5.

4. *Annuaire de législation comparée*, XI, 1882, notice de Duval, en tête de la traduction de la loi du 18 juillet 1881, modifiant la législation relative aux biens des femmes mariées en Écosse.

dressée postérieurement au mariage : acte public dans lequel sont mentionnés les effets ou capitaux mobiliers apportés en dot à la femme : mais qui, en l'absence de toutes conventions matrimoniales, prend le caractère d'un véritable contrat (1). Enfin dans les provinces baltiques, le contrat peut être conclu avant ou après la célébration du mariage et peut être modifié dans la suite, en vertu d'un accord des deux époux (2).

De cette diversité de législations naît une grande difficulté en droit international :

On se demande si les étrangers qui passent leurs conventions matrimales en France sont soumis aux prescriptions des articles 1394 et 1395, alors même que la loi de leur pays ne contiendrait pas de dispositions correspondantes ; enfin, si à l'inverse les Français qui contractent mariage à l'étranger, peuvent invoquer le bénéfice de la loi étrangère qui permettrait les modifications au régime une fois établi.

Beaucoup d'auteurs placent sous l'empire du statut personnel (3) la disposition de l'article 1394 qui

1. Lehr, (*Éléments de droit civil espagnol*, § 168.
2. Lehr, (*Éléments de droit civil russe*, § 38 et s.).
3. Demangeat sur Fœlix, t. I, p. 85. — Dalloz, *Répert.*, v° *Contr. mar.* Fiore, *Dr. privé intern.*, § 328 et 329. Brocher, *Nouv. traité de dr. intern. privé*, § 83, p. 247. Beauchet, *Journ. de dr. intern. privé*, 1885, p, 39.

prescrit de rédiger les conventions matrimoniales avant la célébration du mariage et l'art. 1395 qui n'est que le corrollaire de l'article précédent. Par suite ils décident que le Français qui se marie à l'étranger doit toujours procéder à la rédaction de son contrat de mariage avant là célébration de l'union conjugale. Mais ils se divisent eux-mêmes sur l'application du statut personnel à l'hypothèse inverse: les uns veulent que, malgré le principe de personnalité, les étrangers qui se marient en France tombent sous l'application des art. 1394 et 1395, car ces articles intéressent, d'après eux, l'ordre public français; les autres vont jusqu'aux conséquences extrêmes de l'idée de personnalité ; pour eux, l'étranger marié en France, peut modifier après le mariage le régime conventionnel ou légal de ses biens, si sa loi personnelle n'est point contraire.

Dans ce premier système on interprète ainsi la prescription des art. 1394 et 1395 ; la loi a considéré que le mariage faisait disparaître chez les époux la pleine liberté nécessaire pour consentir une modification au régime antérieurement établi. L'union des personnes supprime leur indépendance, on craint que l'une des parties n'exploite l'affection de l'autre, ou l'autorité conjugale dont elle-même est revêtue, pour faire modifier le régime établi, et dans un sens qui lui serait avantageux.

Aussi dans l'intérêt des personnes, les déclare-t-on incapables de consentir les conventions matrimoniales, du jour où le mariage consommé peut les mettre à la discrétion l'une de l'autre. C'est le motif même de l'ancienne prohibition des donations entre époux, c'est celui qui justifie la prohibition voisine de l'article 1595 interdisant les ventes entre conjoints, et dont la cour de Cassation a reconnu le caractère de personnalité. Maintes dispositions semblables relèvent, selon l'avis général, du statut personnel, c'est l'article 909 qui interdit aux ministres du culte et aux gens de l'art qui ont assité une personne dans sa dernière maladie de se prévaloir des dispositions entre-vifs ou testamentaires qu'elle aurait pu faire en leur faveur pendant le cours de sa dernière maladie; c'est l'article 472 qui prohibe tout traité entre un tuteur et son ex-pupille s'il n'a pas été précédé de la reddition d'un compte détaillé ; ce sont les dispositions des art. 1094, 1098. Incapacités spéciales, prohibitions qui apportent des exceptions à la règle qu'un individu est capable de contracter partout et toujours, règle essentiellement personnelle, les exceptions doivent avoir le même caractère.

Le principe admis conduirait à dire : que non seulement les Français seront soumis, lorsqu'ils se marient à l'étranger, à leur loi nationale en ce qui concerne l'antériorité et l'immutabilité du régime ; mais qu'à l'inverse la loi étrangère qui peut être différente, s'appliquera aux étrangers qui contractent chez nous. Sur ce point, les partisans de la personnalité considèrent généralement l'ordre public français comme en jeu : les art. 1394 et 1395 s'appliqueront même aux étrangers ; si le législateur a eu surtout en vue l'intérêt des époux, en rédigeant les articles 1394 et 1395, il s'est aussi préoccupé des tiers qui, ayant contracté avec les conjoints sur la foi de tel ou tel régime, ne doivent point avoir à souffrir des modifications que les conjoints apporteraient au pacte matrimonial, exprès ou tacite. Ils ajoutent que la paix des ménages voulue par le législateur est aussi d'ordre public français.

D'où il suit que les époux étrangers ne pourront pas faire en France de conventions matrimoniales qui contreviendraient aux articles 1394 et 1395 (1).

Cette restriction, fondée sur un motif d'ordre public local, n'a point été admise par tous les partisans de l'idée de personnalité (2).

Sans voir dans la prescription des articles 1394-1395 une règle de capacité, M. Laurent (3) arrive aux solutions que nous venons de développer. En

1. Deglin, p. 187. Brocher, § 3 *in fine*.
2. Beauchet, (*Journ. de dr. intern. privé*, 1884, p. 39 et s.).
3. Laurent, t. XXI, § 58.

vertu de la théorie qui lui est personnelle sur la distinction entre les formes solennelles et les formes simplement probantes (1), il arrive à dire que les Français restent soumis aux articles 1394 et 1395, même quand ils font leurs conventions matrimoniales, dans un pays où ces prescriptions ne sont pas édictées. En effet, aux yeux de la loi française, leur consentement n'existe que s'il a reçu la forme solennelle. Quant aux étrangers qui se marient en France, ils tombent sous les mêmes prescriptions, car la solennité du contrat de mariage est d'ordre public territorial. Nous n'avons pas à revenir sur cette théorie qui a déjà été discutée (2).

La doctrine qui applique le principe de personnalité aux prescriptions d'immutabilité du régime et d'antériorité du contrat, n'a point été admise par la jurisprudence ; beaucoup d'auteurs lui refusent leur adhésion. Il nous paraît avec eux que le législateur n'a pas eu en vue principalement l'état et la capacité des époux, en rédigeant les articles 1394 et 1395. En vain invoque-t-on la force d'un motif admis dans l'ancien droit : la crainte de l'influence excessive des époux l'un sur l'autre. Cette raison n'a pas dû être prédominante dans l'esprit des rédacteurs du Code. La prohibition des donations entre époux

1. Laurent, (*Dr. intern.*, II, §§ 238 et 241).
2. Voir ch. II, sect. 2, sur les formes du contrat de mariage.

est levée; l'immutabilité des conventions matrimoniales, qui dans l'ancien droit lui servait de sanction, qui participait à sa nature personnelle, s'appuie nécessairement sur un motif d'un autre ordre, les travaux préparatoires nous le révèlent : c'est l'intérêt des tiers (1). « Ces dispositions, disait Berlier dans l'exposé des motifs, ont pour objet d'empêcher les fraudes envers les tiers. » Et Siméon, l'orateur du Tribunat : « Le même motif (celui qui a fait prescrire l'authenticité des conventions matrimoniales) de sûreté réciproque, de celle des parents et des tiers écarte tout changement... aux conventions matrimoniales. » L'idée d'incapacité n'apparaît donc pas, même accessoirement.

Ce motif écarte l'analogie tirée des textes; et, d'ailleurs, cette analogie n'existe pas, même dans les apparence. Par exemple : l'article 472 se rattache à la législation de la tutelle, au système général de protection du mineur, c'est donc la loi de tutelle, essentiellement personnelle qui s'applique. L'article 1595 est dans une série d'articles relatifs à la capacité. Au contraire, les dispositions qui nous occupent sont à côté de la forme des conventions matrimoniales; elles se confondent même dans un

1. *Journ. de dr. intern. privé*, 1885. De l'immutabilité des conventions matrim. en droit international privé. Jay.

article unique avec l'authenticité (1).

Est-ce à dire que les conditions d'antériorité, d'immutabilité du régime, n'étant pas de statut personnel, doivent être considérées comme de pure forme. On pourrait le croire, par la place des articles 1394 et 1395 ; un examen superficiel des arrêts de notre jurisprudence le laisserait supposer.

Nous croyons qu'on doit obéir à d'autres considérations.

Les articles 1394 et 1395 posent une condition de fond du régime ; ils déterminent l'étendue de ses effets et le marquent d'un caractère d'immuabilité. Il y a là plus qu'une question de forme ; il y a ce que les Allemands appelleraient une règle d'organisation intrinsèque, un principe d'irrévocabilité qui s'incorpore avec tout régime soumis à la loi française, qu'il soit conventionnel ou tacite. Cela étant, le juge n'a plus qu'à rechercher à quelle loi le régime est soumis (2).

C'est au fond le système de la jurisprudence française ; si elle a le tort de rappeler la règle : *locus regit actum*, en fait, elle ne l'applique pas aveuglement ; car avant de décider que le statut du lieu prévaudra, elle recherche toujours si les époux ont

1. V. Jay, article précité.
2. Enseigné par M. Lainé à la Faculte de Paris. — Voir aussi Jay, article précite.

bien voulu se soumettre au régime matrimonal usité dans le pays, ce qui revient à admettre que les règles sur l'immutabilité des conventions matrimoniales font partie du régime lui-même, françaises s'il est français, ou étrangères comme lui. Nos juges ont donc raison par les solutions sinon par les motifs (1).

Il résulte de cette doctrine que deux Français à l'étranger, sous un régime étranger : conventionnel ou légal pourraient modifier leurs conventions matrimoniales, les rédiger après le mariage, si la loi du régime le permet. Mais fussent-ils mariés à l'étranger, s'ils n'ont pas prétendu adopter la loi étrangère, s'ils sont sous un régime français, leurs conventions sont immuables du jour du mariage. Même solution pour les étrangers en France. L'ordre public local n'est pas en jeu, toutes les raisons que nous avons données plus haut au sujet de la condition d'authenticité, valent ici (2).

1. Voir l'affaire Sala (D. P. 66, II, 109) ; affaire Casadumont (D. P, 45, II, 36 et Sir. 45, II, 7) cet arrêt reconnaît la validité des conventions matrimoniales passées en Espagne, postérieurement à la célébration du mariage, par des époux français ; affaire Giovanetti (Cass. ch. civ., 11 juillet 1855. D. P. 1856, I, 6 et Sir. 1855, I, 699. hypothèse analogue). Ces trois arrêts invoquent tous la règle : *locus*... Mais un arrêt du 24 décembre 1867 (D. P. 68, p. 303) établit solidement l'opinion que nous venons de développer. Voir son analyse : Jay, article précité.

2. Voir sur ce point Beauchet (*Jour. de droit int. privé*, 1884, art. précité).

Après avoir étudié la mutabilité et l'immutabilité des conventions matrimoniales, dans leurs rapports directs avec la volonté privée ; il nous reste à les envisager au point de vue des effets que le changement de domicile ou de nationalité peut avoir sur le régime.

Section II. — *Effets du changement de domicile ou de nationalité sur le régime matrimonial.*

Deux époux sont mariés sous un régime conventionnel ou légal qui a pris naissance en France, ils transportent à l'étranger leur principal établissement, ou ils s'y font naturaliser, on demande si le changement de domicile ou de nationalité peut avoir effet sur le régime matrimonial déjà établi.

Il y a quelques hypothèses à éliminer, comme n'offrant aucune difficulté.

1° Le régime antérieur devrait disparaître si la loi du pays ou du domicile nouveau refusait formellement tout effet, soit à la loi étrangère en général, soit au contrat de mariage étranger. A l'inverse, s'il y avait dans la loi des époux, une disposition formelle établissant l'immutabilité du régime matrimonial même au cas où les parties changeraient de domicile ou de nationalité, le régime antérieur devrait subsister dans tous les cas, du moins au regard de la jurisprudence du premier pays.

2° Tel régime, tels ou tels effets du régime adopté par les époux avant leur changement de domicile ou de nationalité sont prohibés par leur législation nouvelle; ici encore l'immutabilité le cède à l'ordre public qui a inspiré ces prohibitions. Ainsi les époux, français et mariés sous notre communauté légale, se font naturaliser italiens ; la loi italienne exclut la communauté en tant qu'elle s'applique aux meubles présents et futurs. Cette prohibition ayant, dans la pensée du législateur italien, un caractère personnel, touche les nouveaux nationaux ; ils ne pourront pas invoquer les conséquences de la communauté légale, en tout ce qu'elles auraient de contraire aux prescriptions prohibitives ou impératives de la loi nouvelle. Même solution au cas ou deux époux français ont entendu adopter la nationalité suisse et s'établir dans un canton à régime unique obligatoire.

Ces différents cas écartés, la question posée au début se résout facilement, lorsque les époux sont mariés sous un régime conventionnel exprès. Elle appelle un examen plus sérieux lorsqu'ils sont placés sous le régime légal.

§ 1.— Influence du changement de domicile ou de nationalité sur le régime conventionnel exprès.

C'est un principe général du droit international, que les conventions une fois faites, sont indépendantes du changement de domicile ou de nationalité des co-contractants. Où qu'aillent les personnes, où qu'elles transportent leur établissement et le siège de leurs intérêts, les droits et les obligations déterminés par leur accord initial ne changent point. La vente faite selon la loi française par deux contractants français continue à les obliger, à leur conférer les mêmes droits, même après un changement de nationalité.

Ce principe s'applique au contrat de mariage. Sur cette application admise d'ancienne date, l'accord s'était déjà fait entre Dumoulin et d'Argentré, irréconciliables adversaires sur d'autres points.

Elle n'est pas contestée en droit français ni en Allemagne. En Angleterre, on trouve en ce sens de nombreux arrêts de jurisprudence (1) qui ont fait dire à Phillimore (2) : « qu'on peut considérer comme une maxime de jurisprudence anglaise que le droit du nouveau domicile n'affecte pas le régime conventionnel exprès ». De même aux Etats-Unis (3); mais les Américains, fidèles à leurs préoccupations

1. Affaires Duncan c. Cannan (*Répert. de Beavan*, p. 128, t. XVIII. — Faubert c. Trust (cité par Phillimore, § 472). — Este c. Smith (*Répert. de Beavan*, p. 112, t. XVIII). — Lashley c. Hogg, *id.* — Macdonald c. Macdonald (*Répert de Murray et Young*, p. 830). — Don c. Lippmann (*Répert de Clarke*, t. V, p. 1). — Anstruther c. Adair (*Répert. de Mylne et Kent*, p. 513).

2. § 473.

3. Notamment : affaire Wilder, 1870 (*Annual Reports*, t. XXII, p. 219). Comparer Eager c. Brown, t. XIV, p. 684.

d'ordre public territorial ont soin d'observer qu'il n'y aurait pas lieu d'appliquer le régime conventionnel antérieur des époux « s'il en pouvait résulter un préjudice pour les citoyens ou pour les droits de l'Etat », restriction qui, en somme livre les parties à l'arbitraire de leurs tribunaux (1).

Le principe d'immutabilité du régime conventionnel, au cas de changement de nationalité est expressément consacré au Code de la République Argentine. Par application du principe général qui régit les contrats dans cette législation (art. 1205 à 1216 du Code argentin), le contrat de mariage fait en pays étranger régit les biens des époux même après le transfert du domicile sur le territoire de la République ; et cependant la loi argentine n'admet point de régime conventionnel, en droit interne ; elle consacre un seul régime légal, obligatoire : la séparation de biens avec communauté réduite aux acquêts (2).

§ II. — Influence du changement de domicile ou de nationalité sur le régime légal.

Si nous supposons que les époux qui changent de

V. *Story Confl. of laws*, § 178. — V. aussi les paroles du *master of justice* Derbigny, dans l'affaire Murphy c. Murphy, *Martin's Reports*, t. V. — *Id.* de Porter dans l'affaire Saul c. ses créanciers, *Martin's Reports*, t. XVII, p. 605.

2. V. Rapport de Daireaux, (*Bulletin de la Société de législation comparée*, mars 1885).

domicile ou de nationalité, n'avaient point fait de contrat, le régime légal de la loi nouvelle se substitue-t-il de plein droit au régime légal de la première loi ?

C'est une des plus graves questions de la matière. Les anciens jurisconsultes l'ont traitée avec abondance.

Déjà Dumoulin, en se prononçant pour la loi du premier domicile matrimonial, comme principe de détermination du régime, avait fait admettre par une partie de l'école qu'un changement de domicile ne devait pas avoir d'influence sur les rapports pécuniaires des époux (1). « Cela, s'écriait-il, n'est pas « seulement injuste, en permettant au mari d'aug« menter ses droits par un transfert de domicile « dans une coutume plus avantageuse ; c'est faux « en droit ». Lebrun professait la même opinion (2), en s'appuyant sur l'idée de convention tacite. Supposons, dit-il, que deux époux se soient mariés sans contrat à Paris ; plus tard ils établissent leur domicile dans la coutume de Bar ; le mari prédécède ; y a-t-il lieu à partager les meubles et conquêts, conformément au statut de la coutume de Paris ; ou au contraire la propriété de tous les meubles doit-elle

1. Dig., lib. V, tit. I, l, 65, *De judic.* — *Comm. ad cod.* lib. I, tit I, l. 1, *Œuvres*, t. III.

2. *Traité de la communauté*, livre 1, ch, 2, § 55, 56.

être réservée au survivant, selon les prescriptions de la coutume de Bar. Et il se prononce pour l'application de la coutume de Paris, car décider le contraire « ce serait changer l'établissement de communauté « selon lequel on a dû partager les meubles aussi « bien que les conquêts ». Son opinion est qu'il y a lieu à continuation de la communauté jusqu'à ce que les parties la répudient ouvertement (1). Et il applique le principe au cas de douaire coutumier.

Hertius (2), très net dans la même opinion, pose les deux grandes hypothèses pratiques, où elle offre son intérêt : deux époux se sont mariés sans contrat dans un pays de non communauté ; ils transportent leur domicile dans une coutume de communauté ; ou c'est le cas inverse qui se présente ; il n'y a pas lieu à modifier l'application du statut initial. Hertius se range ainsi, en citant Rodenburg, au principe du domicile matrimonial. Et il est à remarquer qu'il l'applique aussi bien aux immeubles qu'aux meubles, ne faisant exception que pour le cas où il y a une loi prohibitive au lieu de la situation (3).

1. Rodenburgh (*De div. stat.*, part. II, tit. II, ch. 4, § 3, 4). — Boullenois, t. 2, *App.*, p. 66 et 67).

2. Hertii *Opera* (*De collis leg.*, § 49, p. 145, édit. 1737) ; *id.*, p. 205, édit. 1716.

3. Paul Voët, *De statutis et eorum concursû.* § 9, ch. 2, nos 5, 6, 7, § 4, ch. 2, no 9 se prononce dans le même sens.

Boullenois (1) dont l'opinion est que la loi de communauté affecte l'état et la condition des époux, n'hésite pas à admettre que la communauté les accompagne en tous lieux.

Quant à Bouhier (2), sans distinguer entre les meubles et les immeubles, ni entre la propriété acquise avant ou après le changement de domicile, il admet l'immutabilité du statut matrimonial au cas de changement de régime ; en se fondant surtout sur cette idée que le mari n'a pas le droit d'altérer ou de modifier par un changement de domicile les droits utiles et pécuniaires de la femme, fondés sur le contrat tacite. Et il remarque que l'opinion générale est dans son sens.

Pour les réalistes, il n'y avait pas lieu d'admettre que le changement de domicile des époux pût influer sur la condition de leurs immeubles, la *lex rei sitæ* continue à s'appliquer, peu importe le déplacement des personnes ; il n'en était pas de même pour les meubles ; les réalistes leur appliquaient la loi du domicile actuel (3).

Pothier qui accepte la notion de convention ta-

1. Boullenois (*De la personnalité et de la réalité des lois*, t. I, observ 29 ; t. II, observ. 38).

2. *Coutumes de Bourgogne*, ch. XXII, § 63 à 72.

3. Voyez par exemple Froland (*Mém.*, t. I, part. II, ch. III, § 9, 10, 11) ; il y a du reste quelque difficulté à concilier ce qu'il dit ici avec ce qu'il paraît décider au chapitre suivant, ch. IV, § 3.

cite (1) et le caractère d'universalité du statut de communauté n'a rien dit sur la question du changement de domicile.

Aujourd'hui, il est encore très-intéressant de se fixer sur le point débattu dans l'ancien droit; l'intérêt pratique existe surtout chez les nations qui n'ont pas encore réalisé l'unité législative; ainsi en Allemagne où le domicile est considéré comme décisif et où souvent, dans l'intérieur d'un petit territoire, divers systèmes de régimes matrimoniaux valent simultanément. Les avis sont partagés.

Les uns admettent que le changement de domicile ou de nationalité doit amener la modification du régime légal antérieur, dans le sens de la loi nouvelle. Les autres se prononcent pour l'immutabilité absolue.

Les partisans de la première idée se divisent eux-mêmes sur le point de savoir s'il y a lieu d'appliquer à la propriété acquise antérieurement au changement de domicile ou de nationalité, le régime légal de la loi nouvelle, ou s'il faut borner son empire aux acquisitions faites dans la suite. La première opinion avec son caractère absolu a, à peu près disparu. Elle était soutenu par beaucoup d'an-

1. Pothier (*Traité de la communauté*, art.préliminaire, nos 10, 11, 12, 13).

ciens Allemands (1), et, chose curieuse, même par des partisans du pacte tacite, qui essayaient d'expliquer cette inconséquence en disant : les époux ont contracté dans l'hypothèse que le domicile ne serait pas changé, le premier régime était, dans leur pensée, conditionnel ; son immutabilité était subordonnée à celle du domicile (2). Assertion purement gratuite, condition arbitrairement introduite par l'interprète dans la convention tacite des époux.

C'est bien aussi dans ce sens qu'était établie la jurisprudence des cours d'Ecosse qui a décidé pendant longtemps que la liquidation des rapports pécuniaires des époux devait se faire conformément à la loi du lieu de la dissolution du mariage (3), sans avoir égard aux domiciles antérieurs. Et si nous ne trouvons pas de décisions judiciaires anglaises, en faveur de ce système absolu, du moins une opinion s'était dessinée pour lui, à en juger par les paroles de Lord Eldon qui, dans un cas (4), où un contrat de mariage avait été fait, a dit que « si dans l'espèce, il n'y avait pas eu de contrat c'est le

1. Eichorn, (*Deuts Rechts*, § 35, g., § 307, d., § 310) et d'autres indiqués par Waechter, *Archiv. für die civilis. Prax*, t. XXV, p. 50, note 265.

2. Wachter, *Archiv für die civilis Prax*, note 265, p. 50.

3. Story, *Confl. of laws*. Voir aussi Guthries, *Savigny's of international law*, p. 246.

4. Burge, *Com. on col. aud for. law*, part. I, ch. VII, § 8 expose au long l'affaire.

droit anglais qui eût régi les droits du mari et de la femme », mariés cependant en France, où ils avaient eu quelque temps leur domicile, mais au moment de la dissolution du mariage ils étaient établis en Angleterre. D'après cette théorie, comme le remarque Story (1), le droit du domicile actuel s'applique sans distinction entre la propriété antérieure au changement, et les biens acquis ensuite.

Ce système ne pouvait prévaloir ; son défaut le plus saillant était de produire des conséquences très-injustes, en supprimant, dans nombre de cas, au détriment de l'un des conjoints des droits qu'il pouvait tenir pour acquis. Par exemple un homme riche épousait une fille pauvre dans un pays de communauté universelle ; le patrimoine du mari devient commun. Plus tard le mari transporte son domicile dans un lieu où la loi établit le régime dotal ; dans l'opinion exposée, la femme perd immédiatement, contre sa volonté, la part de biens qui lui était acquise.

De là un second système qui n'admet l'application des lois du nouveau domicile qu'aux biens acquis postérieurement à ce nouvel établissement. Beaucoup d'Anglo-Américains se prononcent en ce sens ; mais il faut remarquer au préalable, que

1. § 171.

chez eux la question de l'immutabilité du régime ne peut se poser que relativement aux meubles ; les immeubles restant toujours soumis à la *lex sitûs*.(1) Lorsqu'on rejette la doctrine du contrat tacite, dit Burge, (2) lorsqu'on admet que le statut matrimonial rentre dans les droits réels, il n'y a pas à considérer l'effet du changement de domicile sur les immeubles des époux ; car la *lex rei sitæ* détermine leur régime tant pour le présent que pour l'avenir. Quant aux biens mobiliers acquis avant le changement de domicile, ils échappent à son influence ; et pour justifier cette immutabilité, il est inutile de recourir à l'idée de convention tacite. Supposons, en effet, que les parties ont eu leur premier domicile matrimonial dans un pays où comme en Angleterre (du temps de Burge), le mariage confère au mari un droit absolu sur toute la fortune mobilière et personnelle de sa femme, plaçons le domicile subséquent en un pays, où comme dans la Guyane anglaise, la femme par l'effet de la *communio bonorum* conserve ses droits sur ses propres et en acquiert de nouveaux sur la propriété personnelle du mari. Imaginons ensuite l'hypothèse inverse. Dans le premier cas, toute la fortune mobilière et personnelle de la femme a passé au mari, et lorsque

1. Story, § 187.
2. Burge. *Comm.*, part. I, ch. VII, § 8.

les époux s'établissent dans la Guyane anglaise, la femme n'apporte point de propriété, à elle personnelle et mobilière, sur laquelle puisse en quelque sorte s'attacher le droit de communauté.

Dans la seconde espèce, la femme qui vient s'établir en Angleterre avec son mari, y arrive retenant un droit sur ses biens propres, et commune sur les biens déjà acquis du mari ; dans ce cas le droit du domicile matrimonial a déjà fait une disposition de la propriété du mari et de la femme, au temps où les parties et leurs biens étaient sujets à leurs prescriptions ; il y a des droits établis que la nouvelle législation ne peut pas toucher (1). Mais l'immutabilité ne peut pas se soutenir pour les biens acquis postérieurement au nouvel établissement, lorsqu'on a rejeté la doctrine du contrat tacite.

Story est dans le même sens (§ 187).

Le Code civil de Louisiane a consacré cette théorie, dans son article 2370. Déjà elle était passée dans sa jurisprudence. Nous avons de nombreux arrêts (2). Parmi ces décisions, deux qui se sont succédé de près, nous montrent d'une manière très

1. Voir tout ce développement au passage précité de Burge.

2. 1817, Gale c. Davis (*Martins Reports*, t. IV, p. 646). — 1828, Cole (même recueil de Martin, t. XIX, p. 41). — 1834, Ccolomb c. Brundlove (*Louisiana Reports*, t VIII, p. 143). — 1835, Hicks c. Pope (même recueil, t VIII, p. 556). — 1843, Penny c. Watson (*Robeston's Reports*, p. 175). — 1849, Hayden c. Nutt (*Annual Reports*, t. IV, p. 65).

saisissante l'intérêt de la solution : un mariage est célébré sans contrat dans le Mississipi, pays qui était alors d'exclusion de communauté ; quelque temps après, la femme hérite de sa mère une propriété mobilière dont le mari prend possession pour elle ; ils s'établissent ensuite en Lousiane ; un créancier du mari saisit le bien ; réclamation de la femme, qui invoque la loi de Louisiane, de laquelle il résulterait que le bien est paraphernal ; décidé que le créancier avait pu saisir la propriété mobilière ; car en vertu du régime légal admis au Mississipi, le mari devient propriétaire de tout ce que la femme possède au jour du mariage et de tout ce qui lui advient ensuite par succession (1). A l'inverse, deux époux se marient sans contrat dans le Mississipi, mais la femme n'hérite qu'après l'établissement du nouveau domicile en Louisiane, dans ces circonstances le bien hérité par la femme lui est propre et paraphernal (2), conformément à la loi de Louisiane.

En Angleterre, la jurisprudence n'est pas très favorable à ce système, bien que le juge semble l'avoir consacré dans un arrêt célèbre : des époux mariés sous le régime anglais, avaient établi leur domicile en Prusse ; une succession s'ouvrit, à laquelle la femme était ayant-droit ; pouvait-elle

1. 1834, Scolomb c. Brudlove (*Louisiana Reports*, t. VIII, p. 143).
2. 1835, Hicks c. Pope (*Louisiana Reports*, t. VIII, p. 556).

prétendre en équité à ce qu'une partie de la somme lui fût attribuée, selon la jurisprudence anglaise; ou toute la propriété mobilière échue par la succession devait-elle être remise au mari. La *Court of exchequer* se décida pour l'application de la loi prussienne qui veut que tous les biens mobiliers de l'homme et de la femme soient, durant le mariage, à la disposition absolue du mari. Le tribunal adoptait ainsi la loi du domicile actuel dans son application aux biens mobiliers (1). Enfin, à en croire Guthries (2), le commentateur anglais de Savigny, il y a en ce sens sinon une jurisprudence établie, du moins un fort courant d'opinion judiciaire (3).

Cette manière de voir s'explique assez de la part des jurisconsultes qui n'admettent point le principe de la volonté tacite, comme base du régime légal. Ils sont cependant loin de s'y rallier tous (4).

La plupart admettent un troisième système unanimement consacré par les partisans de l'idée de convention tacite (5).

1. Affaire Saver c. Shute (*Ansthruther's Reports*, t. I, p. 63). — Story, § 170, 171.

2. Guthries (*Savigny's private international law*, p. 246, note).

3. Voir les affaires Kennedy c, Bell, 1864 (*Macpherson's Reports*, t. II, § 587). — Hall's trustees c. Hall, 1854 (Dow, vol. XVI, p.1057).

4. Mommsen (*Archiv. für die civ. Prax*, t. 61, p. 183) adversaire de l'idée de convention tacite, est un de ceux qui se prononcent pour la mutabilité du régime légal, par suite de changement de domicile.

5. Asser *Eléments de dr int. privé*, ch. I, sect. V. — Walter, *System*

Le régime légal, une fois déterminé n'est pas modifié par un changement de domicile ou de nationalité.

Lorsque l'on s'est tenu à cette idée que le régime est légal au sens strict du mot, et qu'il découle du mariage même, il est bien difficile de justifier, en raison, une pareille doctrine. Si c'est la loi qui a, directement, organisé les rapports pécuniaires des époux, ce règlement, cette organisation doit se modifier quand les parties tombent sous une nouvelle législation. En vain nous objecterait-on qu' « on ne saurait reconnaître à la loi de la nationalité subséquente un effet rétroactif et que tel serait le cas si la loi nouvelle pouvait modifier les conséquences juridiques d'un acte fait, alors que les parties n'y étaient pas encore soumises (1). » Il ne s'agit point en effet de modifier des conséquences déjà produites, ni de toucher au passé ; à ce point de vue, tout le monde réserve les droits antérieurement acquis à la femme et aux tiers. Mais le principe de la non rétroactivité des lois ne peut pas pousser plus loin son exigence ; la loi nouvelle doit logiquement modifier l'avenir légal des époux ; et si l'on admet que les rapports pécuniaires des parties dérivent uni-

des deutschen Privatrechts, § 229. — Mittermaier, *Grundsätze*, § 400. — Stobbe, *Handbuch*, I, 208. — Dahn, *Deuts. Rechtsbuch*, 1877, p. 59).

1. Asser, *Eléments de droit int. privé*, ch. I, sect. V.

quement de la loi, ces rapports doivent subir l'influence d'un changement de législation, tout comme les relations personnelles des époux, comme leur état, comme leur capacité qui ne sont pas choses moins immuables ni moins sacrées (1). Il ne me semble pas plus facile d'admettre le motif invoqué par d'autres auteurs, comme par exemple Gerber (2) qui affirme d'ailleurs plus qu'il ne prouve, en disant : « la nature du régime matrimonial entraîne non-seulement la création de rapports déterminés entre les époux, mais aussi une détermination positive, fixe, faite par la loi de droits et d'obligations réciproques ; ce régime, conséquence légale du mariage, ne peut être modifié par aucune autre loi, par conséquent la loi du nouveau domicile n'a aucune influence sur sa transformation » (3). C'est ce qu'il faudrait prouver.

En réalité, ce sont des motifs d'ordre pratique qui ont déterminé ces adversaires de l'idée de conventions matrimoniales tacites, à se rallier à l'immutabilité du régime légal. La doctrine contraire a les

1. Mommsen s'est obscurément prononcé en ce sens (*Archiv. für die civ. Prax*, t. LXI. p. 185, note).

2. *Deutches Privatrecht*, § 229.

3. Voir aussi le raisonnement analogue de Bar, § 96. — Walter, (*System des deutschen Privatrechts*, § 229). — Mittermaier (*Grundsatze*, § 400). — Stobbe (*Handbuch*, § 208, 209, I) ; une grande partie de l'école allemande dont Teichmann cite les principaux auteurs, p. 28), *Wandelb. od unw)*.

plus graves inconvénients, elle met le régime matrimonial à la discrétion du mari ; elle donne lieu, surtout lors de la dissolution de l'association conjugale, aux règlements d'intérêts les plus compliqués ; si les époux ont eu plusieurs domiciles de législations diverses, il y a lieu à appliquer simultanément les règles de plusieurs régimes ; on devra connaître les diverses époques où ont été acquis les divers biens, distinguer la fortune antérieure et les biens acquis postérieurement au changement de domicile. Difficulté de fait presque insurmontable, surtout dans les pays morcelés par des législations multiples. Mais tous ces inconvénients pratiques ne sont que des motifs de législation et si l'on n'en a pas d'autres, l'immutabilité, au point de vue positif n'est pas suffisamment prouvée ni établie.

Seule, la notion de convention tacite appliquée à la détermination du régime légal peut conduire logiquement à l'admettre. Si le régime légal est contractuel, il échappe comme toute autre convention à l'influence du changement de législation que subit la personne. La raison de sa force obligatoire définitive est celle de la force obligatoire des conventions, des relations contractuelles en général, de la volonté de l'homme, indépendante des fluctuations du domicile et de la nationalité.

C'est le système des auteurs français et de la jurisprudence française (1), il n'y a pas, chez nous, de contestation sur ce point.

En Angleterre, nombre de jurisconsultes s'y sont rangés (2). C'est l'esprit de la jurisprudence anglaise (3) qui, d'ailleurs, n'est pas d'une absolue netteté ; elle n'a pas eu à se prononcer directement (4).

Les auteurs américains des Etats-Unis et leur jurisprudence (5) ne lui ont guère été favorables jusqu'ici. Mais un dernier arrêt (6), l'a consacré en des termes tels, qu'on peut se demander s'il n'annonce pas une vraie révolution, dans l'opinion courante. Le juge Davies, à l'occasion de cette affaire jugée par la Cour de New-York a été jusqu'à invoquer le motif de la convention tacite : « Ces droits que la femme « a acquis par le *contrat tacite* passé au premier do- « micile matrimonial, ne sont point perdus ni dimi- « nués par le changement de domicile du mari. »

1. Laurent (t. V, § 218 et 219). — Cass. req. rej. 20 février 1882 (D. P. 82, I, 119) ; Chambéry, 19 juin 1861 (D. P. 62, V, 86 et Sir. 62, II, 69). — Metz, 9 juin 1852 (D. P. 52, II, 189).

2. Phillimore (*intern. priv. law*), CCCCLXXIX. — Westlake, § 32.

3. Phillimore (*intern. priv. law*), CCCCLXXIX. — Redfield, dans son édition de Story (*Confl. of law*) considère comme embarrassantes les prétentions des tribunaux anglais qui ne tiennent pas compte du changement de domicile.

4. Guthries (*Savigny's private international law*, p. 246 note). — Phillimore § 471.

5. V. Story et les arrêts de jurisprudence précités.

6. Bonati c. Welch, (*New-York. Reports*, 24 vol. p. 157).

L'arrêt s'appuie sur nombre d'autorités continentales ; il reprend les motifs donnés par nos anciens jurisconsultes : Bouhier entre autres (1), et l'auteur américain d'un traité tout récent sur les conflits de droit s'élevant à l'occasion du mariage (2) espère que cette décision irréfutable (*of unimpeachable logie*) donnera le branle à toute la jurisprudence des Etats-Unis, dans le sens de la doctrine française.

Les Allemands se prononcent généralement pour l'immutabilité (3). Leur jurisprudence s'est établie en ce sens (4). Deux arrêts tout récents, contenus au Recueil des décisions du tribunal supérieur de l'Empire, consacrent cette doctrine. A ce titre, ils eussent mérité de trouver place au *Journal de droit international privé*, à la suite d'un autre jugement du 1er juillet 1881 (relaté au journal de 1882 p. 338), qui proclame le principe de l'immutabilité dans une hypothèse non contestée : celle de régime conven-

1. M. Kelly, (*the french law of marriage*), le cite en entier, p. 83.
2. Kelly, (*the french law of marriage and conflicts*. (1885), p. 84).
3, Voir, outre les auteurs, que nous avons cités au cours de la discussion, Stobbe (*Deutsches Privatrecht*. T. 1, § 34, no 5. Roth. (*Deutsches Privatrecht*. T, 1, p. 280).
4. Voir au Recueil des décisions du tribunal supérieur de l'Empire sous le titre : *Wandelbarkeit oder unwandelbarkeit des ehelichen guterrechts*, une décision du 18 Avril 1882. id p. 393 un jugement du 7 mars 1882. Voir aussi aux archives de Seuffert, t. 20, n° 2, T. 24, n° 104, T. 28, no 187 ; T. 32, n° 103, toutes ces décisions sont pour l'immutabilité ; j'en trouve une seule en faveur de la mutabilité (*Seuffert*, T. 26, n° 188).

tionnel exprès, La première de ces décisions du 7 mars 1882 établit que : « Le changement ultérieur de domicile n'a pas d'influence sur le régime « une fois établi et que les époux mariés sous le « régime badois y restent soumis alors même qu'ils « s'établissent au duché de Nassau » il n'y avait pas eu de contrat. La seconde, très fortement motivée, n'est pas moins nette :

« La question qui se pose entre les parties est « celle de savoir si la demanderesse et son époux « défunt se sont soumis au régime matrimonial du « nouveau domicile par suite de leur changement.

« C'est par la négative que l'on doit répondre. « En l'absence de contrat entre les époux, le régime « légal déterminé par la loi du premier domicile « ne peut en rien être modifié par leur établissement ultérieur dans un pays d'autre législation, à « moins que la législation du nouveau domicile « n'apporte des prohibitions formelles. Le régime « des biens que les époux au début de leur union « ont adopté soit conventionnellement, soit légalement est intervenu entre eux, avec la force et la « destination de les régir pendant toute la durée du « mariage (sans préjudice du droit qui peut leur « appartenir de le modifier par convention formelle). »

A ce motif tiré de l'intention du législateur, le

juge ajoute que le mari ne doit point pouvoir par sa volonté unilatérale modifier les droits de sa femme, ce qui a lieu, si en déplaçant le domicile matrimonial, il provoque par conséquence un changement de régime. Mais je ne vois pas que le tribunal supérieur s'appuie sur l'idée de convention tacite.

Le droit commun prussien, fondé sur des textes positifs, est en ce sens :

« Le changement de ce premier domicile ne produit généralement aucune modification dans les règles auxquelles les époux s'étaient antérieurement soumis. » (351, part, II, tit. I. Allg. L. R.)

Suit une exception fort légitime :

« Si cependant les époux ont transporté leur domicile d'un lieu où la communauté de biens n'existait pas dans un autre endroit où elle est habituelle ; toutes les transactions faites en ce dernier lieu et se rapportant à un tiers (*de bonne foi*) seront régies par la règle de la communauté. »

Il peut même arriver que la loi du nouveau domicile ou de la nouvelle patrie prescrive certaines mesures de publicité, pour que le régime matrimonial, organisé par la loi primitive soit opposable aux tiers ; si les époux n'accomplissent pas ces formalités, ils sont réputés mariés sous le régime matrimonial de la loi nouvelle.

TABLE DES AUTEURS

I

Monographies

Barilliet. — *Du conflit de la loi française avec les lois étrangères, résultant de l'absence de stipulations relatives au régime des biens entre époux*. Genève, 1861.

Behaghel. — *Die ehelichen Güterverhaeltnisse der Ausländer, welche während bestehender Ehe in das Grossherzogthum Baden seit Einführung des Landrechts eingezogen sind oder noch einziehen werden*. Fribourg, 1873.

Déglin. — *Etude sur le contrat de mariage en droit comparé et en droit international*. Paris, 1883.

Israëls. — *International Huwelijksgoederenregt*. Leyden, 1883.

Neveu. — *Du régime des biens entre époux, au point de vue du droit international privé*. Paris, 1883 (Thèse).

Teichmann. — *Ueber Wandelbarkeit oder Unwandelbarkeit des gesetzlichen ehelichen Güterrechts bei Wohnsitzwechsel*. Bâle, 1879.

II

Principales références aux ouvrages généraux

Argentré (d'), 1519-1590. — *Commentarii in patrias Britonum leges s. consuetudines generales Ducatus Britanniæ*, sur l'article 218 de la Coutume de Bretagne, *gl.* 6.

Arntz. — *Cours de droit civil français*, t. III, p. 545 et s..

Asser. — *Eléments de droit international privé* (1884), *édition Rivier* (chap. I, § 14).

Aubry et Rau. — *Cours de droit civil français* (t. V, § 504 bis et note 4, p. 275, 4e édition).

Bar (de). — *Das internationale Privat-und Strafrecht* (§ 94-98).

Bardc. — *Théorie traditionnelle des statuts ou principes du statut réel et du statut personnel, d'après le droit civil français*, 1880 (Voir notamment pour l'historique, p. 86 et s.).

Bouhier, 1673-1746. — *Observations sur la Coutume du duché de Bourgogne* (entre autres le chapitre XXVI).

Boullenois, 1680-1762. — *Traité de la personnalité et de la réalité des Lois, Coutumes, Statuts, par Observations* (t. I, observ. 29 ; t. II, observ. 35, 37, 38).

Brocher. — *Cours de droit international privé* (t. II, chap. V, liv. III); *Nouveau traité de droit international privé*, chap. III, liv. II, § 74.

Burge. — *Commentaries on colonial and foreign Laws generally and in their conflict with each other.* Londres, 1838 (t. I, Part. I, ch. VII, § 8, p, 599-640).

Calvo. — *Le droit international théorique et pratique* (t. II, § 1013).

Dumoulin, 1500-1560. — *Commentarii in Codicem*, lib. I, tit. I, l. 1, conseil 53 ; et ses notes sur Chasseneux.

Field. — *Draft outlines of an international code*, 1872, traduit par M. Rolin : *projet d'un code international* (1881, art. 575, 576, 577).

Fiore. — *Droit international privé*, traduction Pradier-Fodéré (ch. VII).

Fœlix, *annoté* par M. Demangeat. — *Droit international privé* (t. I, p. 206).

Foote. — *A concise treatise on private international jurisprudence.* Londres, 1878 (Part. II, chap. VI, n° 7 ; chap. VII, n° 5).

Froland. — *Mémoires concernant la nature et la qualité des statuts* (t. I, part. II).

Gabba. — *Teoria della retroattivitta delle leggi* (IV, 317, 326).

Gerber. — *Deutsches Privatrecht* (§ 229).

Hert, 1652-1710. — *De collisione legum* (§ 44-49).

Huber, 1636-1694. — *De conflictû legum diversarum in diversis imperiis* (lib. I, tit. III, § 9).

Kelly. — *The french Law of Marriage and Conflict of Laws arising there from.* 1885 (Chap. V et VI).

Laurent. — *Droit civil international*, 1880-81 (t, I, nos 273-282 ; t. V, nos 183-240).

Lawrence sur Wheaton. — *Eléments de droit international*, (t. III, part. II, chap. II).

Lebrun. — *Traité de la communauté* (liv. I, ch. II, § 2, 3, 4, 41, 46).

Marin. — *Etude sur le projet de loi fédérale sur les rapports de droit civil entre personnes établies en Suisse*, Berne, 1878, p. 32.

Merlin. — *Répertoire universel et raisonné de jurisprudence* (Communauté de biens, § 1).

Mittermaier. — *Grundsätze des gemeinen deutschen Privatrechts* (§ 400).

Pacifici-Mazzoni. — *Instituzioni di diritto civile italiano.* Florence, 1874, I, n° 148.

Phillimore. — *Commentaries upon international Law* (t. IV, chap XIX).

Pothier. — *Traité de la communauté,* article préliminaire.

Rocco. — *Dell'uso e autorità delle leggi del Regno delle Due Sicilie.*

Rodenburg, 1618-1668. — *De jure quod oritur ex statutorum vel consuetudinum diversitate* (Tit. II, chap. V, § 12 à 15).

Rolin. — v. Field.

Savigny. — *System des heutigen Rœmischen Rechts,* traduction Guenoux (t. VIII, § 379).

Schœffner. — *Entwicklung des internationalen Privatrechts* (§ 78 à 80).

Stobbe. — *Handbuch des deutschen Privatrechts* (I, 208, 209).

Stockmans, 1608-1671. — *Decisiones Brabantinæ* (decisio 50).

Story. — *Commentaries on the conflict of Laws (Incidents to marriage).*

Voët (Paul). — *De statutis eorumque concursû* (§ 4, § 9, chap. II).

Voët (Jean). — *Comment. ad Pand.* (Liv. 22, t. IV).

Westlake. — *A treatise on private international Law or the conflict of Laws.* 1882 (§ 30-38).

Wharton. — *Treatise on the conflict of Laws* (199).

III

Articles de revues

Arntz. — *Journal du droit international privé,* 1880 *(inamovibilité du régime en cas de changement de domicile,* p. 323).

Baehr. — *Iahrbücher für die dogmatik des heutigen römischen und deutschen Privatrechts, 1883 (Wohnsitzrecht und Heimathrecht,* p. 357, § 6).

Beauchet. — *Journal de droit international privé,* 1884 (article sur *les formes des conventions matrimoniales,* p. 39).

Jay. — *Journal de droit international privé,* 1885, n°s IX-X *(immutabilité des conventions matrimoniales en droit international).*

Mommsen. — *Archiv. für die civilistische Praxis,* 1878, t. LXI *(Verhältniss des inländischen Rechts zu dem auslandischen zu normiren,* p. 152; VI, p. 182 et s.).

Wächter. — *Archiv. für die civilistische Praxis,* t. XXV (section V, lettre A).

IV

Jurisprudence

Jurisprudence française.

Journal de droit international privé. Voir notamment les années 1886, I-II, p. 33 ; III-IV, p. 249 ; 1885, p. 77, 180, 188, 280 ; 1884, 39, 85

502, 650 ; 1883, p. 170 ; 1882, p. 74, 87, 97, 233, 293, 338, 405 ; 1879, p. 175, 392 ; 1878, p. 610 ; 1877, p. 237.

Dalloz. Recueil périodique et Sirey ; nombreux arrêts.

Revue algérienne et tunisienne de législation et de jurisprudence, 1885, p. 170.

Jurisprudence des Etats-Unis.

Pour la Louisiane, arrêts nombreux dans les quatre recueils : *Annual reports, Louisiana reports, Martin's reports, Robinson's Reports.* — Pour l'État de New-York, *New-York reports* (t. V, p. 157).

Jurisprudence allemande.

A Diestg of all the reported Decisions of all the Courts. Les décisions les plus récentes sont de 1885, p. 274, et de 1881, p. 250 et 251.

Jurisprudence anglaise.

Entscheidungen des Reichsgerichts in Civilsachen (Décisions du tribunal supérieur en matière civile). Voir le tome VI, année 1882, p. 43, 393.

Seuffert, Archiv., t. I, 152 ; VII, 137 ; XVIII, 1 ; XX, 2 ; XXIV, 104 ; XXVI, 28 ; XXVIII, 187 ; XXXII, 103.

TABLE DES MATIÈRES

IIe PARTIE

EFFETS DU RÉGIME MATRIMONIAL ÉTABLI AU POINT DE VUE DU DROIT INTERNATIONAL PRIVÉ

Laval impr. et stér. E. JAMIN. — 41 rue de la Paix.

Laval. — Imp. et Stér. E. JAMIN, 41, rue de la Paix.

www.ingramcontent.com/pod-product-compliance
Ingram Content Group UK Ltd.
Pitfield, Milton Keynes, MK11 3LW, UK
UKHW020144220726
13923UKWH00001B/353

9 782329 066981